Bettine Reichelt (Hg.)

Wer mit dir lacht,
dem kannst du trauen ...

Gereimte Predigten & Gebete
von Frauen

Bettine Reichelt (Hg.)

Wer mit dir lacht, dem kannst du trauen…

Gereimte
Predigten & Gebete
von Frauen

benno

INHALT

ZUM GELEIT – LACHEN, NACHDENKEN, NEU BEGINNEN

Das Lachen ist nicht mehr bequem,
wenn auch noch immer angenehm.
Wer mit dir lacht, dem kannst du trauen,
bei allen andren – diesen Schlauen
nun, wiege dann die Worte ab,
vielleicht machen sie beim Wiegen schlapp?

Humor, sagte Ringelnatz einmal, ist der Knopf, der
verhindert, dass einem der Kragen platzt. Nur muss
man ihn natürlich auch öffnen. In dieser Zeit ist es
vielleicht besonders wichtig.
Die Predigt in Reimform scheint – sieht man auf
Veröffentlichungen – eine männliche Domäne zu
sein. Dass dem nicht so ist, können Sie in diesem
Band entdecken. Er enthält eine Auswahl an Predigten von Frauen, nicht nur als Faschingspredigten,
sondern auch als Lied, als Gebet, als Predigt zum
Jahreswechsel.

Auf dass wir neu entdecken, wie gut es ist,
nicht alles auf die goldene Waage zu legen,
sondern Neues zu wagen zu dieser Frist –
und scheint es den anderen auch verwegen.

Freude beim Lesen und Entdecken wünscht
Bettine Reichelt

AUF, LOS INS NEUE JAHR –
PREDIGTEN ZU JAHRESLOSUNGEN

Auf los geht's los.
Das Los steht bloß
auf einem Blatt
an einer Wand.
Doch lausch der Losung feinem Rat.
Das Los hält manches dir parat.

Bettine Reichelt

Eva Maria Petrik

ECHTE FREUDE HAT IMMER IHRE BERECHTIGUNG

Zum Gottesdienst verkleidet gehen,
das möchten viele gar nicht sehen.
Spaß ist hier nicht angebracht,
noch schlimmer ist's, wenn jemand lacht
in diesen aktuellen Zeiten,
wo so viele Menschen leiden.
In Zeitung wie in Tagesschau
seh'n aktuell die Welt wir grau.
Menschen sind sprachlos und passiv,
die andern meckern sehr aktiv,
kaum Zeichen mehr von Wohlgefühl,
die Stimmung ist recht trist und kühl.
Vorherrschen Sorgen, Angst und Wut,
das tut dem Mensch nicht wirklich gut.
Auch ein Christ dem nicht entgeht,
der mittendrin im Leben steht.
Ich mag nicht diese falsche Phrase:
„Ihr Christen lebt halt in 'ner Blase,
ihr seid naiv und lebensfremd,
einfach dumm und sehr verklemmt."
Nein, Christen ha'm 'ne Perspektive,
und zwar 'ne ziemlich effektive.

Sie steht für uns in uns'rer Bibel,
noch immer aktuell-plausibel.
Die Frohe Botschaft kann befreien,
uns Hoffnung und auch Mut verleihen,
lustig zu sein und froh zu singen,
auch über Mauern mal zu springen.
Die, über die man sich nicht traut,
sind doch meist von uns selbst gebaut.
Bewahren wir uns Zuversicht,
die auch durch Humor besticht.

Dagmar Knecht

LASS DICH NICHT VOM BÖSEN ÜBERWINDEN

Lass dich nicht vom Bösen überwinden,
sondern überwinde das Böse mit Gutem.
Römer 12,21

Liebe Gemeinde, nun ist es so weit,
mit dem Abendlicht neigen sich Jahr und Tag,
wir blicken zurück auf gelebte Zeit
und bedenken, was es an Wichtigem gab.

Wir legen die Zeit in die Hand einer Macht,
die mit Liebe und Güte und göttlichem Glanz

jeden einzelnen unserer Tage gemacht
und die uns fordert, gewinnen will – voll und ganz.

Das ist gar nicht einfach, wir haben's geseh'n:
Wir geben uns Mühe und strengen uns an –
doch wer könnte wirklich und ehrlich besteh'n
vor Gottes Gericht: welche Frau, welcher Mann?

Paulus weiß Rat, er kennt mancherlei Sünden,
und er hat einen Tipp, einen schlichten und klugen:
„Lass dich nicht vom Bösen überwinden,
sondern überwinde das Böse mit Gutem!"

Da hat er wohl recht, der Apostel, der weise,
er schrieb seine Briefe vor so langer Zeit.
Zwischen Himmel und Erde machte er manche
    Reise
und kannte – weiß Gott – die verschiedensten Leut'.

Er kannte die Frommen, die Sturen, die Zarten und
    Braven,
beschwichtigte Streit und Revolution.
„Seid gehorsam, geduldig!", riet er den Sklaven.
Doch die Gesellschaft verändern, das wollte er
    schon.

Ob Mann oder Frau soll keinen Unterschied
    machen.

Wer ein Haus hat, so schreibt er, lade gern Gäste ein.
Von den Reichen verlangt er, dass sie die Armen
  achten.
Und im Beten sollen alle beharrlich sein.

Eintracht und Ehrbarkeit soll'n die Christen stets
  suchen –
wer weiß, vielleicht war'n damals beide Tugenden
rar?
Und die Gläubigen sollen segnen, auf keinen Fall
  fluchen.
Ob uns das gelungen ist? Tag für Tag, durch das
  ganze Jahr?

Paulus weiß Rat, er kennt mancherlei Sünden,
und er hat einen Tipp, einen schlichten und klugen:
„Lass dich nicht vom Bösen überwinden,
sondern überwinde das Böse mit Gutem!"

Für Paulus ist immer die Liebe das Maß aller Dinge:
mit Weinenden weinen, mit Fröhlichen lachen.
Das kann nur die Liebe, dass sie den Weg finde
sogar noch zu denen, die stets Ärger machen.

Zu denen, die denken: „Nur ich habe recht.
Halte fest am Gesetz, an Ordnung und Religion."
Auch zu denen, die sagen: „Alles Fremde ist schlecht.
Für mich zählt nur meine eigene Tradition."

Es kann dann schon manchmal, vielleicht oft,
    so ausseh'n,
als wären zu solchen alle Wege verbaut.
Doch der Paulus, der warnt uns: Lasst euch bloß
    nicht lähmen
von Angst oder Ärger! Seid nicht vor- und nicht
    kleinlaut!

Es kommt darauf an, dass ihr brennt im Geist,
ohne Falschheit und ohne träge zu sein,
dass ihr Gott dient, in allem – bescheiden und leis'.
Auch dann, wenn ihr denkt, eure Kraft ist zu klein.

Paulus weiß Rat, er kennt mancherlei Sünden,
und er hat einen Tipp, einen schlichten und klugen:
„Lass dich nicht vom Bösen überwinden,
sondern überwinde das Böse mit Gutem!"

Das klingt ja nicht schlecht, doch ich frage mich
    häufig,
was versteht er genau unter Gutem und Bösem?
Ganz ehrlich, mir sind so viele Fragen geläufig,
dass ich gar nicht weiß, wie soll ich mich lösen.

Aus der Angst vor Gewalten, die poltern und droh'n?
Aus der Sorge um Menschen an Stacheldrahtzäunen?
Aus den Tränen für die, die aus der Heimat gefloh'n?
Aus der Trauer in den begrabenen Träumen?

Wo bleibt die Gerechtigkeit für Arme und Schwache?
Wo bleibt Gottes Reich für die Menschen, die
   leiden?
Zu Mose hat Gott gesagt: „Mein ist die Rache."
Gott spricht das Urteil am Ende der Zeiten.

Paulus schreibt: „Haltet euch nicht selbst für klug,
sondern sucht, wo ihr könnt, mit allen den Frieden!"
Ich aber, ich spüre oft die Wut,
möchte manches Mal lieber das Böse bekriegen.

Paulus weiß Rat, er kennt mancherlei Sünden,
und er hat einen Tipp, einen schlichten und klugen:
„Lass dich nicht vom Bösen überwinden,
sondern überwinde das Böse mit Gutem!"

Ich sehe es ein, lieber Paulus, und ich wollte üben
Güte und Nachsicht in diesem Jahr,
die Demut, die Hoffnung und auch das Lieben –
und darauf vertrauen: Jesus Christus ist da.

Er selber wird wenden alles das, was mich quält.
Und ich breche auf, lass das Böse zurück.
Ich wollte tun, was meinem Gott gefällt,
auf das Gute konzentrieren meinen Blick:

Gut ist es zu beten, das Hör'n in die Stille.
Gut ist bestimmt, wenn ich dankbar bin.

Gut ist es zu teilen, zu helfen und zu singen.
Und gut ist jedes einzelne glückliche Kind.

War's gut oder schlecht – nun ist es zu Ende:
dieses Jahr, ein Jahr unsres Herrn.
Ich lege es zurück in Gottes Hände
und vertrau' auf die Zukunft – von Herzen gern.

Paulus weiß Rat, er kennt mancherlei Sünden,
und er hat einen Tipp, einen schlichten und klugen:
„Lass dich nicht vom Bösen überwinden,
sondern überwinde das Böse mit Gutem!"

GEBT DIE HOFFNUNG NICHT AUF

Ich will euch trösten, wie einen seine Mutter tröstet;
ja, ihr sollt an Jerusalem getröstet werden.
Jesaja 66,13

„Was ist bloß los mit dieser Welt?",
so hör ich viele Leute fragen.
„Es ist nicht gut um sie bestellt",
sagt man – nicht nur in diesen Tagen.

Wir hören Schlimmes überall
von Hungernden in Armut,
von Angst und Terror und Gewalt ...
Wann wird's denn endlich mal gut?

Wem kann ich klagen, was ich ertrage?
Der Kummer lähmt mich wie böser Fluch.
Wer nimmt es weg, das Dunkel am Tage?
Vielleicht dieses Wort aus Jesajas Buch:

„Gebt die Hoffnung nicht auf, habt Geduld in der
    Nacht,
seht, wie morgens der Himmel sich rötet!
Hab ich das denn nicht schon immer gemacht?
Ich will euch trösten, wie eine Mutter tröstet.“

Das wär schön – so träum ich's mir –,
wär Gott nicht nur im All,
sondern ganz nah bei uns, bei dir und mir.
So nah, so stark, so liebevoll,

wie eine Mutter, die ein Kind,
das gestürzt war und weint,
liebevoll in die Arme nimmt,
wiegt und singt, bis neu die Sonne scheint.

Das Kind, es seufzt noch mal ganz leise
und kuschelt sich in Mamas Arm.
Dann springt es auf, spielt auf eigne Weise.
Und auch in mir klingt's noch ganz warm:

„Gebt die Hoffnung nicht auf, habt Geduld in der
    Nacht,
seht, wie morgens der Himmel sich rötet!

Hab ich das denn nicht schon immer gemacht?
Ich will euch trösten, wie eine Mutter tröstet."

Ist das ein Traum, ein Trost für Kinder,
der nichts verändert, nur so tut als ob?
Ich glaube, da steckt mehr dahinter.
Da macht einer einen guten Job:

Er ist Prophet, ganz unbenommen,
und macht uns klar, wie Gott uns sieht.
Gott weiß, wo wir an Grenzen kommen.
Und sogar da hat Gott uns lieb.

Da, wo wir schwach sind oder fallen
und weinen, zweifeln, schrei'n und toben,
grade da streicht Gott ganz zart uns allen
über den Kopf und flüstert von oben:

„Gebt die Hoffnung nicht auf, habt Geduld in der
    Nacht,
seht, wie morgens der Himmel sich rötet!
Hab ich das denn nicht schon immer gemacht?
Ich will euch trösten, wie eine Mutter tröstet."

[...]

Da hat er doch recht, der Prophet ohne Namen,
es ist nicht immer nur Frieden in Sicht.
Doch das, was wir im Leben erfahren,
ist auch nicht Strafe oder Gottes Gericht.

So ist das Leben, es ist selten ganz klar,
wo die Lösungen sind auf brennende Fragen
und wo die Fehler und die Gefahr.
Wir müssen das immer wieder beraten.

Wir kennen das Scheitern und den Erfolg,
wir kennen Dynamik und Resignation.
Mal fühl'n wir uns schäbig und mal sind wir stolz.
Da trifft doch der Satz den richtigen Ton:

„Gebt die Hoffnung nicht auf, habt Geduld in der
    Nacht,
seht, wie morgens der Himmel sich rötet!
Hab ich das denn nicht schon immer gemacht?
Ich will euch trösten, wie eine Mutter tröstet."

Geduld – gute Güte – ist es nicht, was ich find',
wenn ich in mich geh, meine Kräfte beschwöre.
Vor Gott bin und bleibe ich doch wie ein Kind,
und es wird gut sein, wenn ich auf diese Worte höre.

Auf Worte, die mich an Vergang'nes erinnern,
an Mose, den Hitzkopf, und Mirjam, die Brave.

Ich kann mich auf die trauernde Magdalena besinnen.
Und sogar Jesus selbst kam mal richtig in Rage.

Es stimmt schon, wenn ich es genau überleg',
niemand war je von Gott aufgegeben.
Es gibt – bis ans Ende – immer noch einen Weg;
den können wir geh'n, er führt ins Leben.

„Gebt die Hoffnung nicht auf, habt Geduld in der
    Nacht,
seht, wie morgens der Himmel sich rötet!
Hab ich das denn nicht schon immer gemacht?
Ich will euch trösten, wie eine Mutter tröstet."

Wir sollten das nicht nur für uns behalten.
Schon seit uralter Zeit wird es weitererzählt:
Gottes Wort sucht die Jungen wie die Alten
in Deutschland, in Afrika und in aller Welt.

Auch hier, diese Woche, vielleicht morgen schon
könnt' dich jemand fragen: Was glaubst du?
Ich wünschte mir dann als Reaktion,
dass ich fröhlich erzählen kann ohne Tabu

von einem mütterlichen Gott mit königlicher Macht,
vom Frieden, der in Strömen fließt
in aller Welt, bei Tag und auch bei Nacht,
wie man es bei Jesaja liest:

„Gebt die Hoffnung nicht auf, habt Geduld in der
   Nacht,
seht, wie morgens der Himmel sich rötet!
Hab ich das denn nicht schon immer gemacht?
Ich will euch trösten, wie eine Mutter tröstet."

ICH SCHENK EUCH EIN NEUES HERZ

*Und ich will euch ein neues Herz und einen neuen
Geist in euch geben und will das steinerne Herz aus
eurem Fleisch wegnehmen und euch ein fleschernes
Herz geben.*
Ezechiel 36,26

Wie geht es wohl – ich denk', ich darf das fragen –
der Gottheit, die stets über uns wacht?
Sie hat uns ja vor Tausenden von Jahren
ein tolles Angebot gemacht:

„Ich will euer Gott sein. Seid ihr mir mein Volk!"
Tun ihr diese Worte leid?
Wir haben das Gute ja meistens gewollt,
nur fehlt uns die Verlässlichkeit.

Ist Gott nun enttäuscht von uns und geht?
Und schlägt die Türe zu!?

„Ich will euer Gott sein, doch wenn ihr's nicht seht,
dann lasst mich doch in Ruh"?

Ich glaube, Gott ist nicht so impulsiv,
kein Macho, der sich beleidigt gibt.
Eher wie eine Quelle, mächtig und tief,
die alle Geschöpfe aufrichtig liebt.

Gott wartet auf uns in Geduld, auch im Schmerz
und macht uns das Zurückkommen leicht.
Gott spricht: Ich schenk euch ein neues Herz
und lege in euch neuen Geist.

Wie kann der Geist neu sein – Entschuldigung –,
ist der sich nicht gleich immerzu?
Gott ist doch ewig, wie geht da Veränderung?
Wie kommt dann zum Sein die Entwicklung dazu?

Schaun wir mal an, was da früher geschah
auf die Botschaft von Ezechiel!
Er spricht es ja aus – fast zum Fürchten klar,
nichts bleibt mehr vom Staat Israel.

Gestürzt ist der König, die Menschen vertrieben,
sie gehen fort, werden Fremde sein;
Ezechiel sagt: „So ist euch das beschieden,
eure Sünde brachte euch das ein."

Sie geben den Widerstand schließlich auf,
jeder sagt: „Gott, ich bin es nicht wert,
dass du kommst in mein Leben, mein Herz, in
    mein Haus." –
Da ändert sich alles, unbemerkt.

Gott wartet auf uns in Geduld, auch im Schmerz
und macht uns das Zurückkommen leicht.
Gott spricht: Ich schenk euch ein neues Herz
und lege in euch neuen Geist.

Das war vor zweitausendfünfhundert Jahren
im babylonischen Exil,
da haben Menschen getröstet erfahren:
Manchmal ist nur Gott unser Ziel.

So haben sie Gottvertrau'n neu entdeckt.
Gott war immer noch da für sie.
Dass Gott für sie sorgt, war zwar gründlich
    versteckt,
aber aufgegeben hat Gott sie nie.

Und nun? Wie kann der Glaube weitergeh'n?
Wie ehren sie Gott dort im fremden Land?
Sie singen, erzählen, beten und seh'n:
Die Gebote von Gott, die sind das Band

von hier zum Himmel, und das ist jetzt neu:
Es hängt von jedem selbst ab.
Habe Ehrfurcht vor Gott, tue Gutes, sein treu,
und Gott wird dich beflügeln, Tag für Tag.

Gott wartet auf uns in Geduld, auch im Schmerz
und macht uns das Zurückkommen leicht.
Gott spricht: Ich schenk euch ein neues Herz
und lege in euch neuen Geist.

So heißt's, und doch ist noch nicht alles gut.
„Sie haben gelernt", sagt sich Gott und grübelt,
„und doch fehlt's an Vertrauen und Mut.
Ich hab ihnen das lang genug verübelt.

Gebote werden sie nie ganz erfüllen;
dafür sie sind doch zu schwach.
Ich muss sie trösten, die Sehnsucht stillen.
Ich schicke ihnen ein Licht in die Nacht."

So kam ER zur Welt und einmal mehr
ist Gott nicht bei denen in Saus und Braus;
er befehligt auch kein mächtiges Heer –
die Armen und Ratlosen sucht er sich aus.

Er stürzt die Mächtigen von ihrem Thron,
entmachtet jede Selbstgefälligkeit.
so singt's Maria ganz am Anfang schon,
gibt ein Beispiel für Bescheidenheit.

Gott wartet auf uns in Geduld, auch im Schmerz
und macht uns das Zurückkommen leicht.
Gott spricht: Ich schenk euch ein neues Herz
und lege in euch neuen Geist.

Wie ist das denn nun, liebe Gemeinde,
schickt uns Gott wirklich neuen Geist?
Es war neu, was Ezechiel damals meinte,
dass Glauben nicht immer glücklich sein heißt.

Neu war, dass Gott sterben kann, wenn er lebt,
dass Logik nicht immer schlüssig ist,
dass „allmächtig sein" bis zur Ohnmacht geht
durch den Tod zum Leben durch Jesus Christ.

Die Liebe ist Gott – und das ist nicht neu.
Gott bleibt, was Gott schon immer war.
Und wir? Wir sind als Gottes Kinder frei
und durch die Taufe dem Himmel schon nah.

Doch das ist nicht alles, lasst uns nicht ruh'n!
Wir können die Sehnsucht Gottes stillen.
Neu ist, wir könnten auch heute mehr tun,
um die Gebote von Gott zu erfüllen.

Gott wartet auf uns in Geduld, auch im Schmerz
und macht uns das Zurückkommen leicht.
Gott spricht: Ich schenk euch ein neues Herz
und lege in euch neuen Geist.

ES SIND DIE TAGE BUNTER MASKEN –

PREDIGTEN ZUR FASCHINGSZEIT

Es sind die Tage bunter Masken,
des Frohsinns und der Heiterkeit,
der Faschingszüge, Büttenreden,
die Zeit der Ausgelassenheit.
Schön ist es, sich mal zu verstecken,
vergessen mal das wahre Ich,
sich auszugeben als ein and'rer
und richtig auszutoben sich.
Schlimm ist es nur im wahren Leben,
die Maske weiter dann zu tragen,
statt vielmehr sein Gesicht zu zeigen,
das, was man denkt, zu sagen wagen.

Eva Maria Petrik

Nikola Schmutzler

DIE GRETCHENFRAGE NEU GESTELLT

Wer sein Leben behalten will, der wird's verlieren;
und wer sein Leben verliert um meinetwillen
und um des Evangeliums willen, der wird's behalten.
Markus 8,35

Gnade und Friede sei mit euch von dem, der war,
kommt und ist,
Gnade und Friede von Gott, unserm Vater, und dem
Herrn Jesus Christ.

„Nun sag', wie hast du's mit der Religion?"
Diese Frage beschäftigt Jahrhunderte schon,
seit das Gretchen dem Faust diese Frage gestellt,
nicht nur die Christen in aller Welt.

Was gibst du zur Antwort, wenn einer dich fragt,
sich zugleich über olle Kamellen beklagt,
über Kreuzzüge und Inquisition,
also Dinge, die so viele Jahre schon

nicht mehr zu unserem Standard gehören,
gegen deren Geist wir uns stellen und wehren,
weil wir wissen, dass er nicht christlich ist.
Weil er Barmherzigkeit, Güte und Liebe vergisst.

Gibst du dir zu diskutieren noch Müh',
oder denkst du im Stillen: „Recht haben sie"?
Vielleicht bleibst du stumm oder du schweigst,
weil du nichts darauf zu sagen weißt?

Und wenn man wieder und wieder hört,
was andre am Gottesdienst so stört,
und du denkst, ich könnt es wohl verstehn,
hätt' ich dich im Gottesdienst mal gesehn.

„Nun sag', wie hast du's mit der Religion?"
Ab und zu klingt darin ein Unterton,
der nicht nur im Vergangenen klebt,
sondern berechtigten Vorwurf erhebt.

Es gibt die Fragen, die geh'n an die Nieren.
Du sollst dich zum Missbrauch positionieren
und warum die Kirche dazu schweigt
und sich mehr zu Tätern als den Opfern neigt.

Da bleibt dir die Luft weg, weil dir selbst nicht
    gefällt,
wie die Kirche sich in dieser Sache verhält.
Statt zu vertuschen, versetzen, gilt schlicht:
Missbrauchs-Täter gehör'n vor Gericht.

Die Frage klingt schrill: Gehörst auch du zum Verein?
Dein Bekennermut schwindet und wird ganz klein.

Doch halt, denkst du: Kirche, das sind doch nicht
nur die anderen, die Großen – Kirche bin ich.

Auf mein Bekenntnis kommt es an.
Ich kann zeigen, wie Kirche auch sein kann.
Ja, wie halt ich's mit der Religion?
Ich kenn den, an dem Orientierung sich lohnt.

Er heißt Jesus Christus; auf ihn will ich sehn,
mit ihm lernen, Gottes Will'n zu verstehn,
ihm folgen auf dem Weg, den gegangen er ist,
sodass andre erkennen – ich bin Christ.

Ihm zu folgen, das macht Jesus schnell uns klar,
heißt Anstrengung, Mühe, sogar Lebensgefahr.
Er selbst geht uns diesen Weg voraus.
Das Kreuz ragt wie eine Endstation auf.

An diesem Kreuz führt kein Weg vorbei.
Nur so macht uns Jesus von aller Schuld frei.
Nur so erfüllt Jesus seine Mission.
Das ist er, der Kern unsrer Religion.

Ein Gott, der selber die Schulden bezahlt,
die sich eins seiner Kinder aufgehalst hat.
Der Preis, den er zahlte, war hoch, war enorm.
Doch er tat es für uns, er gibt keinen verlor'n.

Denn wenn dir die Reue das Herz abdrückt,
du sie aussprichst, die Schuld, die dich nieder-
    drückt,
dann bleibt Beichte kein leeres Ritual.
Gott vergibt deine Schuld ein ums andere Mal.

Am Kreuz da ist Platz, sei die Schuld noch so groß,
am Kreuz, da wirst du selbst Todsünden los.
Das Kreuz steht im Zentrum, doch musste das sein?
Führt denn kein anderer Weg ins Paradies hinein?

Ist das Gottes Wille? So brutal und so hart?
Hat er denn keine andere Lösung parat?
Und wieder sollst du dich bekennen,
kannst du so einen Gott, einen lieben Gott nennen?

Sag mal ehrlich: Du glaubst an einen Gott,
der sein eigenes Kind führt aufs Schafott?
So ein Gott, der kann nicht die Liebe sein.
Was fällt dir auf diesen Vorwurf ein?

So wiederholt sich die Szene, die auch Jesus erfährt,
als er das mit dem Kreuz seinen Jüngern erklärt,
erklärt, dass er leiden und sterben muss,
doch dass er siegen wird am Schluss.

Dass sein Tod dem Tod die Macht nehmen wird.
So lautet die Hoffnung, für jeden, der stirbt:

dass Gott, wie er Jesus auferweckt hat,
uns wieder ruft aus Tod und Grab.

Doch kaum hat Jesus sie eingestimmt,
als Petrus erschrocken beiseite ihn nimmt.
„Du weißt nicht, was du sagst, alles steht dem
   entgegen:
Erfahrung, Vernunft, auch Gefühl meinetwegen.

Das geht nicht, das kann Gottes Wille nicht sein,
Das kann Gott nicht wollen, lass dich nicht darauf
   ein."
So flüstert Petrus ihm eindringlich ins Ohr,
die Szene kommt seltsam vertraut Jesus vor.

Vor drei Jahr'n in der Wüste, die Versuchung stand an,
menschliche Wünsche statt göttlichem Plan.
Allen Reichtum besitzen und Steine zu Brot.
Doch dem Teufel wehrt Jesus, er bleibt bei Gott.

Auch diesmal für Jesus Versuchung so sehr,
denn der Weg ans Kreuz, dieser Weg wird ihm
   schwer.
Und Versuchung für uns, ja es wundert uns nicht,
dass Petrus als einer von uns zu ihm spricht.

Die Versuchung, ohne das Kreuz auszukommen,
die ist uns allen schon untergekommen.

Schon Paulus hatte damit seine Not.
Wer glaubt denn an einen ohnmächtigen Gott?

„Geh weg von mir, Satan!", laut Jesus brüllt.
„Merkst du nicht, wie der Teufel sich deiner bedient?
Doch nicht irgendwohin, nein, geh hinter mich.
Ich schick dich nicht weg, nein zum Folgen ruf ich."

Und weiter spricht Jesus, ganz offen und frei.
Nein, am Kreuz, da führt kein Weg dran vorbei.
Das gilt nicht nur für Jesus, sondern für jeden,
der sich darauf einlässt, mit Jesus zu leben.

Mit-leiden mit Jesus, damit fängt es an,
die Passion mit durchleiden, durchleben und dann
mitfühlen mit andern, die Not anderer sehn,
im Gebet für den andern vor Gott einzustehn.

Jesus zu folgen, trägt Verheißung in sich,
das feste Versprechen Gottes an dich.
Nicht etwa immer nur Sonnenschein,
doch die Zusage, niemals bist du allein.

Auch wenn sich das manchmal anders anfühlt
und die Welt um dich rum so grausam dich quält.
Sogar Jesus selbst musste das erfahren,
und du willst dir das in der Nachfolge sparen?

Das Kreuz auf sich nehmen, heißt Trauer und Leiden,
und das alles trotz Gott an deiner Seite.
Anfechtung ertragen, Gottverlassenheit spüren,
trotzdem das Vertrauen nicht zu verlieren.

Das wird uns manchmal so unendlich schwer,
auch als Christ denkst du manchmal: Ich kann nicht
     mehr.
Das Kreuz auf sich nehmen, heißt auch Vorwurf und
     Spott,
heißt ausgelacht werden für den Glauben an Gott.

Jesus zu folgen, heißt auch, sich bekennen,
Unrecht und Schuld klar beim Namen zu nennen.
Das Leben nach Gottes Regeln zu leben
und seinen Geboten den Vorrang zu geben.

Sich zu entrüsten und laut sagen: Nein!
Krieg soll nach Gottes Willen nicht sein.
Den Frieden als höchstes Gut hochzuhalten
und selbst dafür die Hände zu falten.

Jesus zu folgen, heißt Menschen begegnen,
die wie du unterwegs sind, für dich beten, dich
     segnen,
die dich selbst durch die dunkelsten Täler begleiten,
die mit dir lachen und feiern und streiten.

Also, wenn du gefragt wirst, nicht lang überlegen,
sondern fröhlich und frei die Antwort geben:
Nun, ich halte es mit der Religion
gerade so wie der Gottessohn.

Auf Gott will ich schauen auf meinen Wegen,
im Gebet ihm alle Dinge vorlegen,
alle Dinge ihm nennen, die mich bedrücken.
Und natürlich auch alle, die mich beglücken.

Wenn ich leiden muss, bitte ich ihn um Kraft,
wenn ich trauere, dass er Trost mir schafft.
Wenn ich schuldig werde an euch oder ihm,
dann bring ich die Schuld ans Kreuz zu ihm hin.

Die anderen will ich mit Freude anstecken,
will Hoffnung verteilen, Talente wecken.
Mit meinem Leben will ich es zeigen,
um ein Leben mit Jesus ist man zu beneiden.

Jesus Christus ist da, selbst wenn alles fällt.
Das gilt alle Tage bis ans Ende der Welt.
Wenn ich nichts mehr halten kann, hält Jesus mich.
Wenn ich einmal sterbe, dann nicht ewiglich.

Denn so wie für Jesus ist auch für mich
der Tod nicht das Ende, sondern lediglich
das Tor, das zum neuen Leben führt,
jeden und jede, die zu Gott gehört.

Und der Friede Gottes, der das übersteigt,
was wir denken, fühlen, verstehn,
bewahre uns Herz und Sinne in dem,
der sich so gnädig an uns zeigt.

WAS BLEIBT?

Nun aber bleiben Glaube, Hoffnung, Liebe,
diese drei; aber die Liebe ist die größte unter ihnen.
1. Korinther 13,13

Ja, alles, alles ist vergänglich,
nur der Kuhschwanz, der bleibt länglich.
So weiß schon der Volksmund, Antwort zu geben
auf eine der drängendsten Fragen im Leben.

Was bleibt? Diese Frage steht nicht nur am Schluss.
Nicht erst, wenn man Abschied nehmen muss.
Was bleibt von 'nem Leben, ob lang oder kurz.
Sag, welche Bilanz bringt der Kassensturz?

Hast du viel geackert, geleistet, geschafft?
Und hast du sie richtig gebraucht, deine Kraft?
Denn hinter der Frage, was bleibt, steht gewichtig
und ernsthaft die Frage, was ist wirklich wichtig?

Die Frage, was bleibt, zwingt uns zu reflektieren,
ob wir auch ins Richtige investieren.

Was bleibt? Diese Frage zwingt unseren Blick,
auf Entscheidungen in unserm Leben zurück.

Ideen gibt's viele, von denen wir denken.
dass sie's wert sind, ihnen Beachtung zu schenken.
Wer 'n Haus baut, 'nen Baum pflanzt, ein Kind
      zeugen kann,
so steht's im Talmud schon, wär ein glücklicher
      Mann.

Auch nach anderen Dingen kann man sich sehnen,
'nen geachteten Platz der Gesellschaft einnehmen,
Erfolge im Sport, im Beruf angesehen,
kein Stress in der Schule, das klingt doch ganz
      schön.

Und in der Familie auch keinen Streit,
und Wohlstand und Glück und Zufriedenheit.
Und last but not least, denn das darf nicht fehlen,
im Reinen mit Gott sein, ist wichtig im Leben.

Was bleibt, was ist wichtig? Suchten auch zu
      erfahren
die Christen Korinths schon vor 2000 Jahren.
Der Paulus erzählte von Jesus und Gott,
vom ewigen Leben, das folgt nach dem Tod.

Von Hoffnung für alle, die zu Gott gehörn,
schon in diesem Leben, da wär das zu spürn.
Doch gibt es Gewissheit, die das garantiert?
Ein äußeres Zeichen, dass man zu Gott gehört?

Noch simpler, man fragte sich in Korinth,
wer die echten, die richtigen Christen sind.
Das kann man erkennen, sie sind unbeirrt;
es gibt ein System von Gott selbst eingeführt.

Der Heilige Geist verteilt Geistesgaben,
als richtiger Christ sollte man welche haben.
Hoch im Kurs steht das Reden in fremden Zungen,
damit bist du zu Gott ganz weit vorgedrungen.

Das kann jeder hören, wenn's auch keiner versteht,
doch hilft's, wenn's ums richtige Ansehen geht.
Dahinter in Reihe platzierten sie
Erkenntnis und Weisheit und auch Prophetie.

In dieses Wertesystem hinein,
da reihn sich problemlos die Geistgaben ein.
So fühln die Korinther sich auskunftsbereit
auf die drängendste Frage, die Frage: Was bleibt?

Als Paulus das hört, kriegt er erst mal 'nen Schreck,
für einen Moment bleibt die Spucke ihm weg.
Es reicht der Moment, den er fassungslos ist,
für ihn zu erkennen, diese Wertung ist Mist.

Dann setzt er sich hin, einen Brief zu schreiben
und seine Kritik in ein Lied zu kleiden.
Was bleibt? – Auch der Apostel hat
auf diese Frage 'ne Antwort parat.

Das Lied ist bis heute die Crème de la Crème,
ein schöneres Werk hat noch niemand gesehn.
Das Lied wichtet neu, ohne dass es brüskiert
und trotzdem den Kern der Sache berührt.

Ich könnte mit Engelszungen sprechen,
doch fehlte die Liebe, ich könnts glatt vergessen.
Wenn jedes Geheimnis mir wär offenbar,
doch fehlte die Liebe, ich würd zur Gefahr.

Und könnte mein Glaube gar Berge versetzen,
doch fehlte die Liebe, ich würd jemand verletzen.
Und wenn ich als Menschenfreund mich gerierte
und Brot für die Welt all mein Geld offerierte,

die Schulden der ganzen Welt zu bezahlen,
doch fehlte die Liebe, wärs nutzloses Prahlen.
Die Gaben des Geistes sind eigentlich gut,
ist auch kein Wunder, kommen schließlich von Gott.

Die Gaben des Geistes, sie werden verliehen,
um damit dem Bau der Gemeinde zu dienen.
Ihr lieben Korinther, habt ihr das vergessen
und seid der Versuchung nun aufgesessen,

euch zu profilieren mit Gottes Geschenken,
an euch nur, statt an die Gemeinde zu denken?
Die Gaben des Geistes, das sei hier bemerkt,
so werden ins Gegenteil sie verkehrt.

Den Grund, den müssen die Geistgaben legen
für ein starkes, ein echtes Gemeindeleben.
Doch Paulus rückt sie ins rechte Licht,
denn fehlte die Liebe, wär das alles nichts.

Sie merken, das ist ganz schön kompliziert,
wie Paulus die richtige Wertung erklärt.
Dem wir so viel Wert und Gewicht beigemessen,
ist morgen vergangen, ist morgen vergessen.

Doch wenn alles vergeht, was uns wichtig erscheint,
verstärkt das immens die Frage: Was bleibt?
Was bleibt, wenn so vieles, ja alles vergeht?
Der Glaube, die Hoffnung, die Liebe besteht.

So singt Paulus laut, in Ekstase, voll Lust,
von dem, was ihm über die Liebe bewusst.
Von Liebe singt er als dem besseren Weg,
der von Menschen zu Gott, nein von Gott zu uns
    geht.

Die Liebe ist freundlich und eifert nicht,
geduldig, langmütig und bläht sich nicht.

Sie sucht nicht das Ihre, verzeiht gern und viel,
der Wahrheit die Ehre sie geben will.

Lässt sich nicht erbittern, bleibt freundlich im Streit
und ist zur Versöhnung so gern bereit.
Sie will alles glauben, will alles ertragen,
sie hofft und erduldet, ohne zu klagen.

So schön, so romantisch das auch klingt,
in dem Maß zu lieben, kann nur der, der spinnt.
Ja, Paulus hat menschlichen Maßstab verlassen,
sein Loblied der Liebe zu verfassen.

Er schaut ganz auf Gott, schaut darauf,
    wie Gott liebt
uns als seine Kinder, die das nicht verdient.
Nur weil Gott bereit ist, alles zu ertragen,
den schwersten Weg bis ans Ende zu wagen,

den Weg der Ohnmacht, der hart, aber schlicht,
im Sterben den Teufelskreis durchbricht.
Er schaut auf das Kreuz, das, weil Jesus dort stirbt,
die Tür öffnet, die uns zum Leben führt.

Als Torheit bezeichnen scharf denkende Leute
die Botschaft vom Kreuz so wie damals auch heute.
Wieso sollte Gott, der allmächtige Herr,
so leiden und sterben, das Verstehen fällt schwer.

Die Liebe sie fragt nicht, ob andre verstehn,
warum sie bereit ist, den Weg zu gehen.
Für uns wird er so zur Himmelsbrück'.
Hinüber zur Ewigkeit geht schon der Blick.

Doch kaum ist's gesagt, rudert Paulus zurück:
Vom Ganzen erkennen wir hier nur ein Stück.
Wie in einem Spiegel ein dunkles Bild
dem irdischen Auge das Ew'ge enthüllt.

Was bleibt? Nur drei Dinge sind zu sagen,
die alle bei Gott ihren Ursprung haben.
Die durch Gott erst zur Vollendung gelangen,
wir kennen als Abglanz nur ihre Namen.

Es bleiben drei Dinge von Gott vorgesehn.
Doch wir können sie halt nur menschlich verstehn.
Der Glaube bleibt, menschlich erfassen wir nur,
wir glauben an Gott, fides quae creditur.

Ein Glaube, erwachsen und lebenserfahren,
erprobt und geprüft, so ein Glaube kann tragen.
Kein „Alles-wird-gut-Gott", doch dazu bereit,
mit uns zu gehen im Schmerz und im Leid.

Ein Glaube, der gern überraschen sich lässt,
gern tanzt und gern feiert, Glauben als Fest.
Ein Glaube, der auch ohne, dass er es sieht,
darauf vertraut, dass Gott Wegweisung gibt.

Die Hoffnung bleibt, menschlich erfassen wir nur,
worauf wir hoffen, spes quae speratur.
Alltägliches Hoffen ist hier nicht gemeint,
nicht die Hoffnung auf Sonne oder dass es noch
    schneit.

Doch Hoffnung, die weiß um Zerbrechlichkeit
von Träumen, von Leben, von Endlichkeit.
Die Hoffnung, die ganz allein sich gründet
darauf, dass Christus den Sieg verkündet

über Hölle und Tod. Weil er selbst diesen Pfad
gegangen ist, hält er Hoffnung parat.

Die Liebe, sie bleibt als die Größte von drein,
und Gottes Liebe strahlt in uns hinein.
Die Liebe Gottes, von der Paulus kann singen,
deren Funken in unser Leben dringen.

Ein Abglanz nur davon, wie Gott uns liebt,
der trotzdem in sich die Verheißung trägt.
Denn ohne die Liebe, ich sagt' es vorher,
da wär alles nichts, wäre dunkel und leer.

Der Glaube wär tot ohne Werke der Liebe,
die Liebe verkäm zur Erfüllung der Triebe.
Die Hoffnung, sie könnte den Blick nicht heben,
verkrümmt in sich selbst würden Menschen leben.

Doch mit dieser Liebe da ists, als knipst man
bei einem Schwarz-Weiß-Film die Farbe an.
Die Gaben des Geistes sind wirkmächtig stark,
werden sie mit der Liebe gepaart.

Wir wollen aus dieser Liebe leben.
Was Gott uns geschenkt hat, weitergeben.
Wir wollen von dieser Liebe erzählen
mit Mündern und Händen, mit Herzen und Seelen.

Wir wollen die Liebe, von der wir leben,
selbst liebend an andere weitergeben.
Von Gott erzählen, davon, wie er liebt,
von dem weitergeben, was er uns gibt.

Mit anderen lachen, mit anderen weinen,
mit Zweifeln und Angst nicht alleine zu bleiben.
Den Segen den Gott uns so reichlich gibt,
auch reichlich verteilen, weil Gott uns so liebt.

Ja, alles, alles muss einmal vergehn,
nicht mal der Kuhschwanz kann ewig bestehn.
Doch was wir aus Liebe tun in der Zeit
als Antwort auf Gottes Liebe – das bleibt.

Und der Friede Gottes, der das übersteigt,
was wir denken, fühlen, verstehn,
bewahre uns Herz und Sinne in dem,
der sich so gnädig an uns zeigt.

Bettine Reichelt

WEIN IN NEUE SCHLÄUCHE

Es ströme aber das Recht wie Wasser
und die Gerechtigkeit wie ein nie versiegender Bach.
Amos 5,24

Amos war vor vielen Jahren
ein Prophet und sehr erfahren
in der Maulbeerzüchterei
und ihm wars nicht einerlei,
was im Land sich so vollzog,
ob man andere betrog,
ob man Geld und Reichtum raffte,
andere mit Gier begaffte
und sich übers Unglück freute,
das den Nachbarn überrollte.

Amos war ein Bauersmann
und nun sehen wir uns an,
was so einer sagen kann,
wenn ihn Gottes Geist erreicht
und der eine Richtung zeigt,
die den andern nicht bequem,
auch den wenigsten genehm,
aber wesentlich zu hören,

wenn auch seine Worte stören
den gewohnten Alltagstrott,
denn das Wort, das kam von Gott:

Hört, sprach Gott, ich hab es satt,
wie ihr feiert, so aalglatt,
eure Feten, euer Essen
stinkt mich an, es ist nur Fressen,
ist nur Saufen ohne Sinn.
Da ist keine Würde drin,
auch kein Dank,
ich wills nicht hören,
riechen, schmecken, mich betören
eure Opfer nicht.
Echt, davon bekomm ich Gicht.
Geht mir weg mit dem Gejammer,
dem Geplärr, lasst's in der Kammer
für die alten Rumpelsachen,
das ist wirklich nicht zum Lachen!

Wollt ihr mir was Gutes tun
und in meinem Segen ruhn,
ja, dann nehmt, ich bitte euch,
das Gesetz, dass es euch leucht,
dass es strömt wie euer Fluss,
euch berührt ein Liebeskuss
aus dem himmlischen Gefilde,
wenn Gerechtigkeit und Milde,

Güte und Barmherzigkeit
sich erweisen allezeit.

An den Armen, die da trauern,
sich verkriechen zwischen Mauern
ihrer Aussichtslosigkeit,
echt, ich habe keine Freud,
wenn nicht einer ihnen hilft
und das Leben etwas gilt.

So, sprach Gott, erweist dem Recht,
das ich liebe, Ehr und – echt –
gebt euch einfach bisschen Mühe,
dass die Liebe neu erblühe,
die das Leben heiter macht,
sonst, da sag ich: Gute Nacht,
gute Nacht, du Israel.

So sprach Gott sehr streng und dann
nahm er den Amos bei der Hand,
der das Wort nach Bethel trug,
und dort zeigt sich der Betrug,
den das Volk an Gott vollzog;
wie man so den Herrn betrog.

Damals war es so und heute
ist es anders? Liebe Leute,
leider muss man sagen: Nein,

heute lebt der fromme Schein,
lässt man sich die heilgen Sprüche
überall, auch in der Küche,
rechts und links und allerorten,
darreichen wie Sahnetorten,
in denen die Made lebt
und die ranzge Butter klebt:
Hört nicht zu, wenn einer klagt,
wenn das Unglück an ihm nagt.
Selber schuld, nicht gut genug,
der erreicht nicht unsern Zug,
Pech gehabt, die arme Socke.
Und man streicht sich seine Locke
wieder glatt und sagt sogleich:
Wenn der gut wär, wär er reich,
wäre schön und wäre weich,
ICH kann ja gar nichts dafür.
Ja, so sind wir leider hier.

Nehmen wir doch mal die Kühe,
die mit aller Kraft und Mühe
sorgen für das Mahl der Bürger,
doch der Bürger wird zum Würger.
Nie genug leist' unser Vieh,
nie genug, nie – niemals –, nie.
Doch der Mensch, der will verkaufen,
will sich um die Beute raufen,
die als Münzen und als Scheinchen

wandern in die kleinen Schweinchen,
die die Banken munter nähren.
Doch du kannst es nicht verzehren,
was auf diesem Konto liegt.
Es ist Gier, die dich betrügt.
Und das arme Rindervieh
leidet laut und schreit: Seht hie!
Aber da uns Menschen selten
so was kümmert, wir vergelten
dieses Gute, das uns gab
die Natur, so wird zum Grab
unser Wollen, unser Raffen,
ja, wir nehmen Has und Affen
ihren Raum zum Leben weg.
Denn das ist ihr Lebenszweck:
uns zu dienen Nacht und früh.
Ach, das arme, arme Vieh!

Gott schreit auf in seinem Schmerz.
Gott schreit auf, das ist kein Scherz.
Schreit in unser Schweigen schwer,
holt uns aus der Leere her
zu dem Ort, an dem das Leben,
das wir nehmen, heult verwegen,
das uns unsre Ohren dröhnen:

Gott spricht zu uns jetzt und hier,
er meint jeden, spricht zu mir:

Leute, lasst euch nicht verhöhnen,
seid ihr selbst, auch wenn sie dröhnen.
Waffenrasseln, Kriegsgeschrei
sei euch niemals einerlei.
Eure Mitwelt hegt und pflegt!
Wo sich eine Seele regt,
sollte Sehnsucht euch befreien,
harte Herzen solln bereuen.
Redet, wie das Herz euch schlägt
und euch zu dem andern trägt.

Ja, so könnte unser Leben
anders sein, wir könnten weben
einen Teppich licht und schön,
auf dem alle Menschen gehen
wie auf Rosen, dornenfrei,
lebten heiter wie im Mai,
der auch seine Trauer hat,
seine Tränen und sein Grab
aber eben stets im Segen,
weil sich liebend Hände regen,
die für morgen tätig sind,
denn wir wären Gottes Kind,
seine Erben, seine Zeugen,
die sich vor der Liebe beugen,
ehrend ohne Gram im Herz.
Dann endet auch unser Schmerz.

Lasst uns also Menschen werden,
die das Leben neu ererben,
die einander freundlich sehn,
die gemeinsam Wege geh'n,
dunkle, helle, leicht und schwer,
dann kommt jeder hinterher.
Und in unsern Herzen lacht
Gottes Anmut Tag und Nacht.

BEWAHRT IN ALLEN LAGEN

Am Abend dieses Tages sagte er zu ihnen:
Wir wollen ans andere Ufer hinüberfahren ...
Markus 4,35

Der Sturm rast los, die Wellen tosen,
der Wind fügt sich zu Windesrosen
und jagt quer durch das ganze Land,
er war ganz außer Rand und Band;
zerstört das Haus, zerschlägt die Türme
vernichtend sind ja solche Stürme!

Und erst zur See, wenn sie dort wüten,
wenn Wellen sich stets überbieten
und Schiffe dort in Not geraten,
dann, Freunde, dann fleht man um Gnaden,
egal ob groß man oder klein,

egal, man will nur sicher sein,
will endlich nicht mehr schrein vor Angst,
will endlich frei von Schreckenszwang
frei atmen oder weiterfahren
ganz frei von solcherlei Gefahren.

Wenn es denn möglich wär, ihr Lieben,
dann würde man sich festenieten
oder im Keller überdauern
oder sich sichern hinter Mauern.
Doch leider ist das ganz unmöglich,
der Wind heult auf und man stimmt kläglich
hinein in diesen Jammerklang.
Ach, Freunde, was ist's einem bang.

Das können sogar die verstehn,
die Segel doch nur selten sehn,
geschweige denn ein Schiff mal lenken.
Selbst wir können uns bestens denken,
wie es den Leuten war zumute,
als Jesus schlafend lag und ruhte.
Sie haben fürchterlich gezittert,
und ihre Herzen war'n erbittert:
Wie kann der schlafen, wenn wir schreien?
Dem wird das alles noch gereuen!
Der weiß wohl nichts von unserm Sorgen?!
Dem ist's egal, ob wir noch morgen
uns hier auf dieser Erde regen!

Der tut, als lebten wir im Segen!
Oder er hat uns ganz vergessen?!
Oder hat sich ganz einfach überfressen
und ruht jetzt aus, so fast wie tot?!
Egal: Er sieht nicht unsere Not!

Herr, höre, höre, schreien sie,
doch er hört nicht, er schläft wie nie.
Noch einmal schreien sie ins Ohr,
schrein lauter, lauter nun im Chor.
Da, als sie schon fast aufgegeben,
da nun beginnt sich was zu regen.

Da wacht er auf und sieht sie an.
Sie schrein: Jesus, erheb dich, Mann!
Ist's dir egal, dass wir vergehn?
Ist unsere Angst zu übersehn?
Wir wissen nicht mehr ein noch aus,
du aber schläfst dich erst mal aus.
Und wir? Wir sterben noch vor Pein!
Willst du uns nicht endlich befrein?

Der Herr steht auf und sieht sich um,
die Jünger schaun ein wenig dumm.
Der Herr sagt: Schweige und verstumme.

Und Stille ist's.

Die Stille breitete sich aus,
sie reichte übers Schiff hinaus,
die ganze Welt umfasste sie.
Die Jünger schwiegen still wie nie,
ja sie, die sonst so mutig stritten,
die beste Argumente ritten,
die wussten plötzlich gar nicht weiter,
der Herr aber, der sagte heiter:
Was habt ihr denn so große Sorge,
ja Furcht und Angst und Panikorgie.
Habt ihr mit mir noch nichts erlebt?
Habt ihr den Glauben abgelegt?
Der Gott, der euch voll Liebe trägt,
der hat sich auf sein Herz gelegt,
euch dieses Leben zu erhalten,
so folgen mir auch die Gewalten
und können euch nicht mehr vernichten,
der Herrgott, der wird's für euch richten.

Noch immer waren sie erstaunt,
dass Jesus ihnen zugeraunt,
ja selbstverständlich sagte,
was kaum einer zu hoffen wagte:
Das so ein Sturm, der mächtig ist,
der jeden Menschen gleichsam frisst,
der Leben nimmt, wie es ihm passt,
zerstört, was er mal angefasst,
dass so ein Sturm die Macht verliert,

wie viel er auch danach gegiert,
wenn Jesus seine Stimme hebt
und „Stille" ruft, ja sie schnell webt
aus seinen Worten klar und hell.
Das ist, man sagt's, Immanuel.
Wer ist wie er, fragten sie leise,
doch weiter ging schon ihre Reise
inmitten einer großen Stille,
in der erkennbar war ein Wille,
groß, weit und tief – ein Schöpfungswort.
Und dieses wirkt nun fort und fort,
wirkt bis zu uns, die wir hier sitzen,
die in der Winterkühle schwitzen,
die Sorgen tragen früh und spät:
Auch uns sagt Jesus: Geht doch, geht!
Geht froh hinaus in eure Welt,
lebte heiter unter Gottes Zelt,
das sich ja täglich um euch breitet,
das euer Leben täglich weitet.
Ihr seid bewahrt in allen Lagen.
Und ihr dürft es auch heute wagen.
Es ist ja wirklich Gottes Wille,
dass ihr in seiner großen Stille,
in seinem Segen lebt auch heute,
glaubt mir: Gott schenkt euch seine Freude!

So lasst uns heute darauf baun
und ihm von heute an vertraun:

Wie schwer auch Stürme um uns toben,
die Hilfe kommt zu uns von oben,
auch dann, wenn Gott zu schlafen scheint,
auch wenn das Herz in uns sehr weint,
auch dann ist Gott so nah und spricht's:
Hab keine Angst und fürchte nichts.
Ich bin bei dir, ich werd besiegen
das, was dich ängstet, und dich wiegen
so wie ein Kind in meinen Armen.

Darauf vertraue und sprich: Amen.

LASS DIR ERZÄHLEN

Und als er hörte, dass es Jesus von Nazareth war,
fing er an zu schreien und zu sagen:
Jesus, du Sohn Davids, erbarme dich meiner!
Markus 10,47

Am Weg zur Stadt Jerusalem,
da lebt es sich nicht sehr bequem.
Nicht damals und auch heute nicht.
Man schaut der Härte ins Gesicht.

Und heute fehlt wie damals schon
ein Friedensfreund, ein Menschensohn,
ein stiller Mensch, der ohne Hohn

und Spott in andere Herzen sieht.
Kurz: so ein Mensch, der wirklich liebt.

Am Rand der Berge, am Rand der Stadt,
die immer noch die Mauer hat,
dort zwischen Steinen, Staub und Leere,
dort gibt es eine große Kehre:

1
Was willst denn du? Wo kommst du her?
Was treibt dich an? Was drückt dich schwer?
Willst du das sagen, mir erzählen?
Darf ich in deine Seele sehen?

2
Du fieser Hund! Du feiger Besen!
Du willst in dieser Seele lesen?
Du glaubst, der Typ hat was zu sagen?
Weshalb stellst du denn solche Fragen?

3
Bleib weg! Geh fort! Lass ihn in Ruhe.
Es gibt nichts unter diesem weiten Himmel,
das du ihm gibst in dem Getümmel.

1
Wer bist du Freund? Wie kann ich helfen?
Wag dich heraus, geh von den zwölfen.
Hin, zu dem einen hin, der fragte.
Komm, sei der Mensch, der etwas wagte.

2
Ach, hör doch auf, was soll denn das!
Du füllst das Glas im Übermaß!
Du hast hier einfach nichts verloren!
Sieh her: Verstopft sind alle Ohren.

3
Hau ab. So schnell du einfach kannst.
Hau ab, sonst kriegen wir dich ganz.
Hau endlich ab, du blöder Schreier.
Hau ab, es nervt uns deine Leier!

Die Stimmen werden immer lauter.
Die Fäuste hoch, seht her, gleich haut er
ihm einfach eine auf die Fresse,
damit das eigne Blut er esse.

Durch das Geschrei, durch das Gewimmel,
dringt eine Stimme bis zum Himmel,
bis in das Herz der ersten Stimme,
verbindet zwischen dem Getümmel:

Herr, höre mich, ach hör mich an,
hör meine Stimme, lass mich ran.
Lass dir erzählen, was mich quält:
das, was zu meinem Leben fehlt.

Ich weiß es, glaub mir, Herr, ich weiß,
dass du der Herr des Himmels heißt,
dass du mich hörst, dass du mir hilfst,
dass du mein tiefes Sehnen stillst.

Bis dahin kennen wir Geschichten,
die sehr viel Ähnliches berichten.
Von Schreien, heute auch von Schüssen,
die viele Hoffnungen zerrissen.

Wir starren starr auf diese Taten.
Wir wissen uns nicht mehr zu raten.
Die Schreier sehn die fremden andern,
sehn sie, wie wir durchs Leben wandern.

Sind starr vor Wut und Angst und Hass.
Und sagen: „Voll ist ja das Fass,
in das kein anderer mehr passt,
den ihr in dieses Land reinlasst.

Und hier gehört auch keiner hin,
der anders ist in seinem Sinn,
der lachen kann oder bedenken,
der weinen kann und Herzen lenken.

Nein, Leute, nein und nein und nein,
wir haben Angst, lasst keinen rein,
der nicht so blond und blau wie wir,
der nicht so klug und stark, seht her."

Dann lassen sie die Muskeln spielen,
wolln sich in ihren Ängsten sielen
und schützen sich vor allen Fremden,
in Anzügen, in langen Hemden.

Und sagen: „Schnurz, wie einer ist,
wenn man nur eines nicht vergisst:
Du nicht, hau ab, wir wolln dich nicht.
Wenn du nicht spurst, kommt das Gericht."

Und manche denken einsam nach,
manch einer macht die Waffen scharf.
Manch einer sieht Verschwörung wachsen.
Und das gewiss nicht nur in Sachsen.

Der blinde Mann von Jericho,
der kannt' das alles sowieso.
Der kannte alle Menschenarten,
die selten ihm den Hass ersparten.

Er aber hört nicht auf zu schrein.
Egal wie viel sie waren, nein:
Er ruft und lässt sich nicht vertreiben.
Du, Herr, lass dir ins Herze schreiben.

Hör mir doch zu, du Herr der Welten,
ach, lass doch meine Worte gelten,
hör du mir zu, dann wandelt sich
das Leben ganz gewiss für mich.

Und der, der fast vorbeigegangen,
als seine Schritte fast verklangen,
der bleibt still stehn und wendet sich
zu ihm zurück, ganz sanft, und spricht:

„Was möchtest du, Freund, sag es, sprich,
was möchtest du, ja, wag es, sprich!"
„Ach, Davids Sohn, sieh mich doch an,
ach hilf mir, dass ich sehen kann."

Und Jesus sieht den Menschen sehen,
aus seinem ganzen Herzen sehen,
das Herzensauge lässt ihn hoffen,
so weit sind blinde Augen offen.

Er spürt, es kann noch anders werden,
noch ist nicht alles tot auf Erden,
noch kann das Leben neu beginnen,
noch kann die Freude in ihn rinnen.

Und Jesus sieht, sieht das Vertrauen,
sieht ihn auf seine Zukunft bauen,
sieht seinen Glauben, seinen Segen,
sieht diese Hoffnung allerwegen.

Und spricht die so ersehnten Worte:
„Sei sehend jetzt an diesem Orte.
Sieh alles klar und tief und schön,
sieh, wie die Lebenswege gehn."

Und das Geschrei, das sie umgab,
das Plärren, dieses große Grab,
das Stoßen, Hassen und Zerstören.
Schwieg still – man wollt die Worte hören.

Man wollte sehn, man wollt erkennen,
wie der es wagte, Gott zu nennen –
und dann auch noch die Antwort kennen!
Sieh, sprach er, sieh!

Nein, das war wirklich unerhört!

Das Schweigen wandelt sich ins Flüstern,
wird laut und groß, man bläht die Nüstern,
jetzt, jetzt wollen wir Gott loben,
den Segen, der zu uns kommt von oben.

Am Weg zur Stadt Jerusalem,
da lebt es sich nicht sehr bequem,
doch manchmal kann es doch geschehn,
dass diese Menschen Wunder sehn.

So fragt euch selbst, an diesem Tag:

Was willst denn du? Wo kommst du her?
Was treibt dich an? Was drückt dich schwer?
Willst du das sagen, mir erzählen?
Darf ich in deine Seele sehen?

Darf ich dich hören, dich ansehen?
Darf ich ein Stück des Wegs mitgehen?
Vielleicht, so lernen wir nun neu,
dass dieses Leben Wunder sei.

WAHRHAFTIG

Was hat ein Mensch denn davon,
wenn ihm die ganze Welt zufällt,
er selbst dabei aber seine Seele verliert?
Markus 8,36

Herr, Gott, man könnt die Haare raufen,
sich jeden Abend schier besaufen,
schaut man auf deine schöne Welt,
wie krass sie eben wird entstellt.
Du lieber Himmel, greif doch ein,
so möchte man alltäglich schrein.
Doch leider, leider, hört gut zu,
der Menschensohn in großer Ruh
verweist die Freunde auf das Leid.
Und sagt: Es ist schon bald so weit.

So fängt der Ball der Masken an,
den jeder gut erkennen kann.
Doch das Gesicht dahinter ist
verborgen stets, wer du auch bist.
Ich weiß es nicht, ich kann's nicht wissen,
und wenn sie auch die Fahne hissen,
die Maske hindert mich daran,
dass ich die Wahrheit sehen kann.

Und unser Gotteszeuge spricht:
Die Wahrheit, die erkenn ich nicht.

Die Wahrheit? Frei und offen?
Will wirklich einer darauf hoffen?
Will wirklich einer hören,
worauf die Mächtigen grad schwören?
Die Wahrheit ist doch das, was stirbt,
wenn man für neue Kriege wirbt.
Die Wahrheit stirbt auf allen Seiten.
Egal worum man sich mag streiten.

Und unser Gotteszeuge spricht:
Die Wahrheit, die erkenn ich nicht.

Es ist ein fieser Maskenball,
nichts Heiteres durchzieht das All.
Das Unheil nimmt schon seinen Lauf,
den halten Waffen niemals auf.

Und unser Gotteszeuge spricht:
Die Wahrheit, die erkenn ich nicht.

Der Menschensohn spricht freundlich, leise,
spricht ohne Macht, auf eigne Weise.
Es ist uns Menschen unerträglich,
und doch erleben wir es täglich:
Was nützt es mir und meinen Kindern,
wer will das Unheil noch verhindern,
wenn man die ganze Welt gewönne,
wenn Reichtum, Schönheit, Macht begänne
für mich das Wichtigste zu werden,
wenn ich dafür auf dieser Erde
das Unglück andrer nehm in Kauf,
dann hält den Schaden niemand auf.

Und unser Gotteszeuge spricht:
Die Wahrheit, die erkenn ich nicht.

Die Seele braucht zum Überleben,
dass wir uns ganz, wahrhaftig geben,
dass wir den andren sehen an
und in ihm schlicht erkennen dann:
Du Fremder, du bist ja wie ich,
getrennt von dir, erkenn ich nicht,
was ich kann sein, was mich kann lehren,
was wir uns sind, was wir verehren.
Im Du, sagt Buber frei und offen,

Dann muss ich mich nicht länger schämen,
muss länger nicht die Maske nehmen.
Man sieht mehr als mein Augenlicht,
in dem sich spiegelt jeder Wicht,
denn dieser Wicht ist mir nicht feind.
Die beiden sind nun neu vereint.
Aus Ich und Du entsteht das Wir,
und deshalb, deshalb sind wir hier.

Und unser Gotteszeuge dann
zeigt uns den Weg den Berg hinan,
den Weg zur neuen Gottesstadt,
die weder Mauer noch Waffe hat.

Noch aber sind wir nicht so weit,
noch rätseln wir an Leid und Streit,
noch starren wir auf Maskenbilder,
noch wird die Welt alltäglich wilder.
Noch bleibt das Lachen uns verborgen
hinter den schweren Alltagssorgen.

Und es ist ein Anfang da,
ein leiser, stiller, uns stets nah:
Sieh dort, den Menschen neben dir,
sieh seine Augen, fühl in dir:
Er ist wie ich, ich lass ihn leben,
so wie er ist, so ist das eben,
wenn diese Welt für alle ist.

Und er? Wenn ihm das auch gelänge,
dann hören wir die Himmelsklänge,
verliern das Leben, dass wir kannten,
und brechen auf zum unbekannten,
gesegneten, dem Herz verwandten.

Der Gotteszeuge bleibt uns nah,
der unser ganzes Elend sah.
Er segnet uns in Gottes Namen.
Darauf vertraue und sprich: Amen.

DIE SACHE MIT MATTHÄUS

Und als Jesus von dort wegging, sah er einen Menschen am Zoll sitzen, der hieß Matthäus; und er sprach zu ihm: Folge mir! Und er stand auf und folgte ihm. Matthäus 9, 9

Der ewige Gott möge uns segnen,
vom Himmel aus mit Güte regnen,
die Herzen öffnen voll Vertrauen,
dass wir auf seine Worte schauen.

Das stell sich einer einmal vor,
es säß' einer bei uns am Tor,

nun gut, es könnt die Dorfstraß sein,
egal, er säße dort allein,
einzig, um zu zählen,
was wir an Geld im übergäben.
Was sagt ihr? Es sei einerlei?
Die Zeit der Tore ist vorbei.

Mag sein, doch sag ich:
Hört auf mich.
Denn solche Tore ändern sich.
Wir sitzen heut viel lieber,
vorm Bildschirm wie in einem Fieber.
Da trägt man seine Zahlen ein,
der Zolleinnehmer schaut hinein
und sieht und rechnet unverzüglich.
Zahlst du nicht gut, wird's ungemütlich.

Wer will, frag ich euch, solche Leute
als Nachbarn, Freunde oder Bräute?
Die sind nicht gut für den Verein,
sie passen einfach nicht hinein.

Gut, ihr sagt, wer uns Geld beschafft
und unsre Kirchen nun begafft –
und dafür zahlt –, das geht ja schon.
Doch wer gibt uns den richt'gen Lohn?

Da gäb's ja einge Kandidaten,
die sind vollkommen missgeraten,
die passen nicht bei uns hierhin,
den Leuten fehlt ja jeder Sinn
für Kirche, Glauben und so weiter,
mit denen ist es nicht so heiter.
Wir wollen vielleicht dies und jenen.
Die andren aber soll'n sich schämen
und lieber ganz, ganz schnell verschwinden.
Die sehen lieber wir von hinten ...

Ja, ist's nicht so?

Musik

Stellt euch nun vor: Ein Pharisäer,
ein frommer, kluger, käm' uns näher
und würde hier bei uns reinschnein,
wir wäre nicht mehr so allein.
Er wär ein Mensch und dazu klug.
Er lehrt mit uns in einem Zug
den Krug, aus dem wir gerne trinken:
Die anderen zur Seite winken,
die uns nicht passen oder schmecken,
deren Ansichten nicht unsre decken.
Halt alles solche Leute eben,
mit denen wir nicht gerne leben.

Musik

Ihr Lieben, leider muss ich sagen,
dass wir dann jetzt in unseren Tagen
wohl um ein Büchlein ärmer wären:
So könnt es sein, das wäre dumm,
denn unser Evangelium,
das gäb's gar nicht,
wie dumm, wie dumm.

Matthäus, dachten früher viele,
der hatte wirklich Geld zum Ziele.
Der wollte leben – und zwar gut,
so wie es jeder gerne tut.
Der Nachteil ist, ihr wisst es ja:
Die Welt ist halt für alle da.
Sie hat genug für uns zum Leben
und will uns Freude, Segen geben.
Doch ist die Gier heut das Problem.
Dann wird das Leben unbequem
und auch gefährlich für so manche.
Es wird ein ziemliches Gepansche.
Und schließlich geht daran kaputt,
wer nur noch ist der Welten Schutt.

Musik

Tja, das ist ja schon ziemlich traurig
und ist für manchen wirklich schaurig.
Zugleich, ich gebe es ja zu,
lässt mich der Jesus nicht in Ruh.
Der ruft den Zöllner einfach raus:
„Komm her, gib dieses Leben auf,
in dem du andere beklaust."
Und meint dazu: „Genau so einer,
der braucht mich wie vielleicht sonst keiner.
Das ist die Krankheit dieser Welt,
zu deren Heilung ich bestellt."

Vielleicht wär ich ja lieber krank,
sodass er sitzt auf meiner Bank?
Sodass er käme auf Besuch
und säß bei mir auf meinem Tuch,
auf meinem Sessel und am Tisch.
Ich wünsche schon: Er meint auch mich.

Ich denke her und denke hin,
ob ich ein bisschen krank auch bin,
nur grad so viel, dass es noch reicht,
als Sünderlein zu gelten gleich.
Und wenn er dann vorbeikommt heute,
dass er an mir sich bisschen freute
und sagt: Komm mit, ich lad dich ein.
Du sollst ein Freund ab heute sein.

Das fänd' ich schön, meint ihr nicht auch?
Dann wär das Leben nicht nur Rauch
und Nebel, einfach ungewiss,
dann hätte man viel wen'ger Schiss
vor all dem Schweren oder Dunklen.
Man säh bei Nacht die Sterne funkeln.
Man sähe Land im Lebenssturm.
Man lebte nicht im Marterturm.

Das Dumme nur: Die, die man meidet,
an deren Fehlern man sich weidet,
die wären mit von der Partie,
die gehn nicht weg, nie – niemals –, nie.
Was mach ich bloß, was fang ich an?
Halt ich das aus? Schaff ich das, Mann?
Sagt's mir, ihr lieben, guten Leute,
was machen wir damit nun heute?
Die Pharisäer sagten: Nein,
das geht so nicht, das kann nicht sein.
Doch ich und ihr und alle, wir??
Ach ... hörn wir lieber das Klavier ...

Eva Maria Petrik

VON SPLITTERN, BALKEN UND
HOHEN SPRÜNGEN

Was siehst du den Splitter in deines Bruders Auge, aber
den Balken im eigenen Auge nimmst du nicht wahr?
Lukas 6,41

Im elften Jahr steh ich nun hier
mit einem närrischen Papier,
hatt' wirklich überlegt sehr lange,
mir wurd' dabei tatsächlich bange.
Darf ich denn Frohsinn hier verbreiten
in diesen glanzlos trüben Zeiten?

Nach jetzt zwei Jahren Pandemie
geht's vielen Leuten schlecht wie nie.
Querdenkertum und Depression
fördern die Spaltung der Nation,
so viele Langzeitkranke, Tote,
im Osten schlimmer Kriegsdespote
uns Angst einflößt, was jetzt wohl werde
aus unsrer wunderschönen Erde.

Als ich die Predigt schrieb, 's ist wahr,
da war bei Weitem nicht so klar,

dass einer geht den letzten Schritt,
die Weltordnung mit Füßen tritt,
nicht nur propagandistisch hetzt,
sondern Waffen auch einsetzt,
Menschen tötet und verletzt,
und trotzdem wage ich es jetzt,
Ihnen all das hier zu sagen,
die Gedanken vorzutragen,
die ich im Januar geschrieben,
weil damals sie mich sehr umtrieben.

Wenn morgens Zeitung ich aufschlage,
nur mit gesenktem Blick es wage
zu seh'n, was wird heut' aufgedeckt,
wo ist die Kirche angeeckt?
Wo hat sie statt glaubwürdig, redlich,
mal wieder völlig überheblich
verschwiegen und gelogen,
Menschen verletzt, betrogen?

Da vergeht uns doch der Spaß,
mehr als voll ist jetzt das Maß.
So manches Mal frag ich jedoch,
muss ich mich nun in einem Loch
als Christ verstecken, schämen,
mich reuevoll nur grämen?

Sie dürfen mich nicht falsch verstehen,
jedes einzelne Vergehen
deckt auf, verfolgt, ich wirklich bitte,
doch bleibe Gott in unsrer Mitte.
Er ist's, dem weiter ich vertrau,
auf dessen Botschaft ich fest bau.

So vieles in der Welt läuft schlecht.
Wer Schlechtes tut, ist nie im Recht.
Wir sollten dennoch uns nicht scheuen,
von Herzen uns auch heut' zu freuen.

Ein Plädoyer nahm ich mir vor
für Lachen, Frohsinn und Humor.
Und dann les' ich zur Fasenacht
bei Lukas: Weh Euch, die Ihr lacht.
Ihr werdet klagen, weinen.
Was kann er damit meinen?
Wir hörten's vor zwei Wochen,
da hat es Jesus ausgesprochen,
bedient damit alle Klischees,
mit seinen vielen Achs und Wehs,
was gerne man uns unterstellt,
wir sei'n ja nicht von dieser Welt:

Christen seien Pessimisten,
humorlose Spaßpolizisten,
in den Geboten stünde,
was Spaß macht, das sei Sünde.

Die Frau eines berühmten Generals,
humorvoll, witzig sagt einstmals:
Ein Mann im Zug saß gegenüber,
ich blickte immer wieder rüber
und dachte wirklich, er sei Christ,
er schaute nämlich gar zu trist,
bis er beschämt mir später sagte,
Magenverstimmung ihn nur plagte.

Selbst unter uns so manche glauben,
die Bibel würd' uns nicht erlauben,
uns zu freuen und zu lachen,
humorvoll Unsinn auch zu machen,
weil man im Neuen Testament
tatsächlich keine Stelle kennt,
wo Jesus offiziell mal lacht,
davon ist nichts uns überbracht.
Doch wo tut er sein erstes Wunder?
Eine Hochzeit macht er bunter,
Wasser verwandelt er in Wein,
erspart so manchem Schmach und Pein.
Bei vielen Feiern war er zugegen,
bracht' sicher Freude und auch Segen.

Wer von uns glaubt denn ernsthaft bloß,
dass er dort war als Trauerkloß?
Die Feldrede hör'n wir seit Wochen,
bei Lukas wird davon gesprochen:

Jesus stieg vom Berg herab,
sich in die Ebene begab
hin zu den Menschen, ihren Sorgen,
dahin, wo Angst sie hab'n vor morgen;
in Niederungen unsres Lebens,
das wir oft halten für vergebens,
schaut er nicht auf uns runter,
er kommt zu uns hinunter,
spricht mich auf Augenhöhe an,
ich besser so verstehen kann.

Das Evangelium nun vom heut'gen Tag
ich wirklich ganz besonders mag,
wir haben es schon oft gehört,
vielleicht so manchen es verstört,
mir kommt es jedenfalls so vor.
Jesus beweist auch hier Humor,
wenn er vom dicken Balken spricht,
der mir so oft versperrt die Sicht.
Ihn soll ich erst mal schnell entfernen,
dabei hab ich genug zu lernen,
und dann, erst dann hab ich das Recht
zu schaun, ob auch mein Nachbar schlecht,
ob Splitter ich ihm ziehen kann
aus seinem Auge dann und wann.

Wie oft geh'n wir herum, selbst blind,
kurzsichtig, uneinsichtig sind,

woll'n andern öffnen gern die Augen,
obwohl die eignen gar nichts taugen,
so ist gemeinsam uns dann allen,
dass wir in die Grube fallen.

Sicher kann man die Stirne runzeln
oder aber sehr wohl schmunzeln,
wenn man die Gleichnisse hier hört,
wie Jesus all die Menschen lehrt,
es war die Sprache seiner Zeit,
die verstand man weit und breit,
sie erscheint uns originell,
und ist doch noch so aktuell.

Die damaligen Pharisäer
sind um so vieles uns noch näher
als wir, blind wie wir sind, wohl meinen,
denn etwas tut uns Christen einen:
Werteverfall wir kritisieren,
wollen partout nicht tolerieren,
wenn andere moralisch fehlen,
und beten gern für ihre Seelen.
Wir gegen Unrecht protestieren,
Barmherzigkeit wir reklamieren,
die eig'ne Heuchelei jedoch
indes beschäftigt uns kaum noch;
gerade die wird kritisiert
und wunderbar auch stilisiert

von Jesus, der auch mich anspricht
mit meiner eingeschränkten Sicht:

Du Heuchler, ruft er auch mir zu,
nun gib doch endlich einmal Ruh'!
Sei doch nicht so arrogant
zum Nächsten und nicht ignorant,
was eig'ne Blindheit, Sünd' angeht,
Selbstkritik bei dir erst ansteht.

Ihr Heuchler! Heißt's in diesen Tagen
es Menschen auf der Straße sagen,
sie Kirche kein Vertrauen schenken,
wir können's ihnen nicht verdenken,
müssen die Augen niederschlagen,
und trotzdem sollten wir es wagen
zu verkünden, vorzuleben,
die Botschaft, die von Gott gegeben,
denn sie ist gut, verleiht uns Freude,
und so wollen wir uns heute
mit dieser gern anstecken lassen.
Frohsinn soll uns ganz erfassen,
denn Freude, wo man herzlich lacht,
die bleibt auch noch nach Fasenacht.

Die, die auf Kommando lachen,
Spaß auf Kosten and'rer machen
und dabei über Leichen gehen,

des Nächsten Trauer gar nicht sehen,
sich eig'nen Reichtum einverleiben,
weil andre auf der Strecke bleiben,
die werden nur kurzfristig lachen
und traurige Erfahrung machen.
Hab'n wir das Herz am rechten Fleck
und kehr'n vor uns'rer Tür den Dreck,
dann hab'n wir – ich sag's ungeniert –
das Evangelium heut' kapiert.

Auch gegenwärtig kommt's noch vor,
dass mancher fragt: Hat Gott Humor?
Ich find die Frage überflüssig,
es ist doch einfach völlig schlüssig,
nur mit Humor kann er ertragen
die Menschen, auch in uns'ren Tagen.
Was Hermann Hesse einmal schreibt,
mir in Erinnerung stets bleibt:
„Und allem Weh zum Trotze
bleib ich verliebt in die verrückte Welt."
Das ist Gott wohl – in uns're Welt verliebt,
nur deshalb er uns stets vergibt.

Humor, so sagt uns Ringelnatz
in einem wunderbaren Satz,
ist der Knopf, wenn man den drückt,
wird man nicht so schnell verrückt,
und ich kann's verbindlich sagen,
platzt uns nicht so leicht der Kragen.

Nietzsche, kluger Philosoph,
der fand's ein Leben lang recht doof,
dass der Mensch, solang's ihn gibt,
sich zu wenig freut und liebt.
Das sei die Erbsünde schlechthin,
denn ohne Freude macht nichts Sinn.

Wenn wir lernen, uns zu freuen,
werden wir uns auch nicht scheuen,
diese Freude zu verschenken,
uns keine Achs und Wehs ausdenken,
den anderen nicht weh mehr tun,
sondern froh in uns selbst ruh'n.

Martin Buber, Philosoph der Religion,
hat einst sehr schön beschrieben schon
das gute Miteinander von Glauben und Humor,
ich trag es Ihnen hier mal vor:
Hat ein Mensch den Glauben nur,
wird er bigott, verbissen, stur.
Nur mit Humor läuft er Gefahr,
zynisch zu werden, das ist klar.
Besitzt er beide, Humor und Glauben,
werden diese ihm erlauben,
im richtigen Gleichgewicht zu streben
nach einem erfüllenden, guten Leben.

Humor von *humus*, Boden, Erde,
uns Sinnbild bitte dafür werde,

dass eines sollt' uns nicht passieren,
die Bodenhaftung zu verlieren.
Ich kann mir gerne eingestehen,
und das ist auch kein Vergehen,
niemals werd' ich sein perfekt,
das ist ein wichtiger Aspekt,
dann kann ich über mich laut lachen,
mich auch mal zum Narren machen.

Dies unterstreicht eine Geschichte,
formuliert hier als Gedichte:
Beim Meister seine Schüler saßen,
sie unterhielten sich und aßen.
Da plötzlich sich dann einer wagt
und den Meister höflich fragt:
„Warum hast Du Dich nie vermählt
und eine Frau Dir auserwählt?"
Dieser kurz überlegt und spricht:
„An mir lag es ganz sicher nicht.
Ich hätt' nur eine Frau genommen,
die perfekt wäre und vollkommen,
lieb noch, intelligent und schön,
solche bekommt man kaum zu seh'n.
Hab viele Jahr' damit verbracht,
gesucht nach ihr mit aller Macht."
„Und? Hast Du sie gefunden?",
fragt einer unumwunden.
„Oh ja, tatsächlich fand ich sie,

perfekt, auch stimmte die Chemie,
und ich war glücklich wie noch nie."
Ein Schüler wandte sogleich ein:
„Schenk ein uns bitte reinen Wein,
denn ich versteh' jetzt nicht so ganz,
warum gab's nie den Hochzeitstanz?"
Der Meister seufzte wirklich laut:
„Sie wollt' nicht werden meine Braut.
Euch vertrau ich es jetzt an,
sie suchte den perfekten Mann."

Lachen tut gut und motiviert,
viele Gesichtsmuskeln aktiviert.
Freude ist ansteckend und gesund,
macht unsere Gemeinschaft bunt,
lasst sie uns weitertragen,
die Frohbotschaft in uns'ren Tagen
zu den Menschen, in Kirche und Welt,
dazu braucht's weder Gut noch Geld.
Sprache und Bibel kennen so manche Sätze,
das sind wertvolle Herzensschätze:
„Aus heiterem Himmel",
sagen wir, welche Verheißung!
Für mich Mut machende Zukunftsweisung!

Selbst im Himmel geht's fröhlich wohl zu
trotz stiller und auch ew'ger Ruh'.
Stille Nacht! Gottes Sohn, oh wie lacht,
so singen wir in der Heiligen Nacht.

Wenn wir uns bei Nehemia in der Bibel einklinken,
können wir lesen: „Lasset den Mut nicht sinken,
denn die Freude am Herrn gibt euch Kraft!"
Welch wohltuender, erquickender Lebenssaft.

Zusammenfassend möcht' ich sagen:
Nur meckern schlägt uns auf den Magen,
wenn wir verlieren Freud' und Lachen,
wir's bösen Kräften einfach machen,
dann kann es uns ganz schnell passieren,
dass diese uns're Welt regieren.
Wer nur von Hass und Macht zerfressen,
hat eines ganz bestimmt vergessen:
Die Freude, die von Gott gegeben,
die bereichert unser Leben,
die sich vermehrt, wenn man sie teilt,
so manchen Traurigen auch heilt.

Lasst uns inmitten aller Sorgen
glauben an ein bess'res Morgen.
Lasst uns jeden Tag doch sehen,
was Gutes in der Welt geschehen.

Davon gibt's mehr, als man wohl denkt,
wir sind von Gott so reich beschenkt.
Ich weiß nicht, ob es bleibt ein Traum,
ich möchte gerne sein ein Baum,
der durch kräft'gen Wurzelgrund

bleibt fruchtbar und auch kerngesund,
um gute, frohe Samen
auszustreuen, AMEN.

An uns'rem schönen Kloster Banz
steht eine Inschrift mit Brisanz:
„Selig die, die über sich selbst lachen können,
sie werden immer genug Unterhaltung haben."
Der Tipp ist ziemlich schlau
hoffnungsvoll sag ich „Helau".

MIT MEINEM GOTT
ÜBERSPRINGE ICH MAUERN
Psalm 18,30

Sie haben sich schön hingesetzt
und erwarten von mir jetzt,
dass Reime ich nun hören lass,
Sie möglichst haben dabei Spaß.
So einfach mach' ich's Ihnen nicht
bei meinem heutigen Gedicht.

Ich bitte Sie, sich zu erheben,
nicht an den Bänken festzukleben.
Wer kann, der wippe jetzt 'ne Weile,
nicht gar zu schnell und ohne Eile
von der Ferse auf die Zehen,
wir können auch im Stehen gehen.

Und überlegen ganz genau,
ob alt, ob jung, ob Mann, ob Frau,
welch' Mauer uns vom Leben trennt,
ob ab und zu, ob permanent.

Im Kopf ansetzen wir mit Schwung
zu einem hohen, weiten Sprung
und schwingen uns zu guter Letzt
über diese Mauer jetzt.

Ich hoffe, Sie sind nun bewegt,
Aufbruchstimmung sich auch regt,
so sei erlaubt meinen Akteuren
im Sitzen weiter zuzuhören.

Mit meinem Gott überspringe ich Mauern ...
Welch ein wunderbarer Satz,
mir wurde er zum wahren Schatz,
als ich ihn neulich wieder las
und seitdem auch nicht mehr vergaß.

Sie verstehen jetzt den Sinn,
da steckt ganz viel Bewegung drin,
Dynamik, Frische, Energie,
nicht schwerfällige Lethargie.

Springen ist ein Wort des Tuns
und nicht ein schönes Wort des Ruh'ns.

Wir haben einen guten Gott,
der ist sportlich und auch flott,
ein Gott, der über uns zwar wacht,
aber uns auch Beine macht.

Das kann man in der Bibel lesen,
für viele ist das so gewesen:
Zu Abraham hat Gott gesprochen,
der ist, sehr alt schon, aufgebrochen;
und Mose, das Volk Israel,
befolgten auch Gottes Befehl.
Josef, dieser fromme Mann,
nimmt mehrfach Gottes Ratschlag an,
verlässt das sichere Zuhaus,
führt Gottes Weisung folgsam aus.

So manche Mauer man noch kennt
aus dem Neuen Testament.
Menschen Mauern überwinden,
um sich bei Jesus einzufinden.
Seh'n wir uns den Gelähmten an,
der von sich aus gar nichts kann.
Er brauchte seiner Freunde Kraft,
alleine hätt' er's nicht geschafft.
Über Mauern und durchs Dach
gelangt er so in das Gemach.
Mit Jesus dann kann ihm gelingen,
die letzte Mauer zu bezwingen,

die Sünden werden ihm vergeben,
von da an kann er gehend leben.

Dabei ausschließlich jetzt zu denken,
Mauern würden nur beschränken,
wäre wirklich auch nicht richtig,
nein, es wär sogar kurzsichtig.

Mauern bieten Sicherheit,
nicht nur heut', zu jeder Zeit.
Einst war 'ne Stadt nur dann 'ne Stadt,
wenn sie 'ne Mauer um sich hatt'.
So konnte Feinde man abwehren,
sie zwingen, lieber umzukehren.
Hausmauern sind doch angenehm,
man lebt im Innern sehr bequem,
bei uns meist sicher, liebe Leute,
das ist nicht immer so, auch heute
müssen Menschen hilflos kauern
im Freien, schutzlos, ohne Mauern.

In Krieg und Obdachlosigkeit,
ohne Mauern gibt's viel Leid.
Wie furchtbar, wenn man da grad lebt,
wo ständig uns're Erde bebt.

Mauern können schützen
und dem Menschen nützen,

doch oft missbraucht der Mensch auch sie,
führt eigenmächtig dann Regie
bei Egoismus, Machterhaltung
und setzt auf Abschottung und Spaltung.

Mauern sind uns nicht zum Schaden,
wenn wir in Not und Druck geraten.
Doch wenn sie werden zu Blockaden,
wenn wir errichten Barrikaden,
einteilen fest in Draußen – Drinnen,
dann sollten wir uns gut besinnen,
mit Diesseits und Jenseits der Mauer
gelingt Gemeinschaft nicht auf Dauer.

Geschützte Räume sind schon richtig,
bestimmte Grenzen manchmal wichtig,
doch Öffnungen und Türen
ins Weite sollten führen.
Und ab und zu braucht's halt den Schwung
zu wagen dann den nöt'gen Sprung
ins Ungewisse auch vielleicht,
ganz sicher Gott die Hand mir reicht,
mich, wenn nötig, dann anstubst
und mich kraftvoll hinüberschubst.

Mit meinem Gott überspringe ich Mauern.
Gewaltfrei war der Vers ja nicht,
den David in der Bibel spricht.

Da war ein übermächt'ger Feind,
die Lage aussichtslos erscheint,
da wär's doch wirklich sehr geboten,
vor denen, die ihn schlimm bedrohten,
sich hinter Mauern zu verstecken,
wo Feinde ihn dann nicht entdecken.
Gott Fels und Burg für David war,
Zuflucht und Stärke ja sogar.
Doch irgendwann ging's David auf,
das kann nicht sein mein Lebenslauf.
Ich muss den Schutzwall überwinden,
mit Gott den eig'nen Weg nun finden.
Zu Gott schreit er, der hört den Mann
und bricht schließlich in ihm den Bann.
Geholfen hat ihm sein Vertrauen,
dass er voll auf Gott muss bauen.
Den Feinden will er dann nachjagen
und sie empfindlich niederschlagen.

Mit Gott überspringt David seine Mauern,
der Vers konnte Jahrtausende überdauern,
um dann, gelöst von Krieg und Gewalt,
in erneuerter Gestalt
friedvolle Wirkung zu entfalten
in unserem Deutschland, damals gespalten.

Mit meinem Gott überspringe ich Mauern.
Mit der Melodie dieses Verses im Herzen

und mit vielen Tausend Kerzen
gelang eine friedliche Revolution,
die Freiheit war für alle der Lohn.
Da wurde eine Mauer nicht gleich eingerissen,
wie viele es von uns noch wissen,
sie wurde erst mal überwunden,
was haben Menschen da empfunden!!

Ich sprach jetzt von Mauern, die kann man sehen,
doch was soll mit all den Mauern geschehen,
die wir bau'n in den Köpfen und um uns herum,
im Herz, in Gedanken, unsichtbar, stumm?
Mauern von Engstirnigkeit, Intoleranz,
von Gleichgültigkeit und Arroganz.
Ich schließ mich aus und grenz mich ein
und lass gar keinen zu mir rein.

Wie oft trau' ich mich nicht zu springen,
mich mutig über die Mauer zu schwingen,
weil ich Angst hab vor Verletzung und Versagen,
weil mich Zweifel und Mutlosigkeit plagen.
Was wir in den letzten Jahren
mussten völlig neu erfahren,
dass die Mauern Krankheit und Isolation
brachten Einsamkeit auf Kranken- und
    Pflegestation.

Wir bauen aber auch Mauern, geben wir's zu,
weil wir soooo gern hab'n uns're Ruh'.

Alles soll bleiben, wie es ist,
da ist der Christ ja Spezialist.
Doch jede Art von innerer Mauer
begrenzt sehr stark und auch auf Dauer
mein Leben in Fülle und Leichtigkeit.
Lebendigkeit dann nicht gedeiht.
Liebe und Mitgefühl gehen verloren,
hinter Mauern wird Hartherzigkeit geboren.

Herr Sieger Köder, sehr bekannt,
nicht nur hier, bei uns im Land,
Künstler, Priester, toller Mann,
meine Hochachtung gewann
für seine wunderbaren Werke
mit grandioser Ausdrucksstärke.
Kraftvoll, bunt und doch sensibel
deutet er perfekt die Bibel:
Gleichnisse, Verse und das Leben,
die Bilder können viel uns geben.

Das Bildchen, das Sie bei sich haben[*],
das wir am Eingang Ihnen gaben,
woll'n wir nun genau betrachten,
dabei so einiges beachten:
Mit meinem Gott überspringe ich Mauern.
Wie fröhlich, dennoch sehr versiert,
er diesen Vers interpretiert!
Wir sehen hier 'nen Ministrant,

[*] gemeint ist das Bild „Mit meinem Gott überspringe ich Mauern"
von Sieger Köder

der im rot-weißen Festgewand
mit breitem Grinsen im Gesicht
scheinbar schwerelos mit Licht
und Stab wagt einen Sprung
und mit richtig großem Schwung
über drei Mauern fliegt hinweg,
sein Gesicht bleibt dabei keck.

Bei des Bildes Ausgestaltung
ist kein Zufall wohl die Haltung.
Beim Sprung der Bub soll Zeit noch finden,
den Betrachter einzubinden
und uns fröhlich zu ermuntern,
ihn vielleicht erst zu bewundern,
doch dann den Mut auch aufzubringen,
genau wie er einfach zu springen,
einfach Gott mal machen lassen
und Vertrauen zu ihm fassen.

Beim Anschau'n stellt sich mir die Frage,
wie ist hier eigentlich die Lage?
Springt der Junge mit Gott oder Gott mit dem
    Jungen?
Auf jeden Fall ist der Junge gesprungen.
Ich denke, Sieger Köder wollt' mir sagen:
Du sollst mit Gott es einfach wagen.
Du kannst's dem Ministrant nachmachen
und dabei sogar noch froh lachen.

Gott geht mit dir durch Dünn und Dick,
behält dabei dich stets im Blick,
begleitet dich durch tiefes Tal,
auf krummen Wegen, noch so schmal,
er über Mauern mit dir springt,
gemeinsam sie mit dir bezwingt.
Er ist dir Stab bei deinem Sprung
und verleiht dir dabei Schwung,
gleichzeitig ist er dir auch Licht,
das manche Dunkelheit durchbricht,
von oben hast du gute Sicht
und siehst, was wichtig ist, was nicht.

Das Bild, das Sieger Köder malt,
eine Leichtigkeit ausstrahlt,
die kann es sehr wohl da auch geben,
wo schwer und dunkel unser Leben.
Das hatte David auch erkannt,
der in Gefangenschaft verbannt,
der Finsternis erfahren musste
und um all seine Feinde wusste.
Er wollte sich nicht mehr verschanzen,
sondern über Mauern tanzen,
mit Gott an seiner Seite
spürte er die Weite.

Mit meinem Gott überspringe ich Mauern.
Ich sitze hier zwischen schützenden Mauern,

die sicher auch mich noch lang überdauern.
Ich brauch' dieses Drinnen, um zu wachsen,
    zu reifen,
lass' mich durch Wort und Mahl auch speisen,
genieße Gottes feste Zusage an mich:
Ich helfe dir und denk' an dich.

Doch später heißt's dann, nach draußen geh'n,
Not, Leid und Krankheit der andern zu seh'n,
die Sorgen zu lindern, die sie quälen,
und ihnen von diesem Gott zu erzählen.
Das ist Gottes Auftrag jeden Tag an mich,
an uns alle sicherlich.

Mit meinem Gott überspringe ich Mauern.
Mög' uns dieser Vers berühren,
mögen auch wir die Weite spüren.
Mögen wir nicht resignieren,
wo Mauern uns blockieren.

Herr, verleih' uns aber auch so viel Verstand,
dass wir nicht wollen mit dem Kopf durch die Wand.
Lass uns vertrauensvoll agieren,
nur so kann Frieden im Herzen regieren.
Sicher werd' ich nie alle Mauern bezwingen,
vielleicht reicht's schon, über den eigenen Schatten
zu springen?

Fehlen darf nicht in meinem Gedichte
eine faszinierende, wahre Geschichte:
Mary Verghese, eine indische Frau,
junge Ärztin und sehr schlau,
wurde bei einem Unfall schwer verletzt,
war im Rollstuhl fortan und völlig entsetzt,
zerplatzt war ihr Lebenstraum von jetzt auf nachher.
Um das Wunder der Heilung bittet Gott sie so sehr.
Das Wunder bleibt aus, doch Gott öffnet für sie
Türen des Muts und der Energie.
Sie lernt weiter, wird erfolgreich und bekannt,
operiert vom Rollstuhl aus äußerst brillant.
Später schrieb sie ihre Erinnerungen auf
in ihrem beeindruckenden Lebenslauf:
„Um Füße bat ich und ER gab mir Flügel",
da bezwang jemand hohe Mauern und Hügel!

Ich habe nichts hinzuzufügen,
möchte mich damit begnügen:
Gott greift nicht immer ein sofort,
überall, an jedem Ort.

UND TROTZDEM –
möge unsere Hoffnung stets überdauern:
Mit meinem Gott überspringe ich Mauern.

Thea Voß

SAG NEIN

Jesus nahm die Zwölf beiseite und sagte zu ihnen:
„Seht doch, wir ziehen jetzt hinauf nach Jerusalem.
Dort wird alles in Erfüllung gehen, was die Propheten
über den Menschensohn geschrieben haben."
Lukas 18,31

Zu Karneval eine Predigt in Reimen, dass kann
so schwer ja nicht sein. Habe ich mir gedacht
und mich gleich ans Werk gemacht. Mich an den
Schreibtisch gesetzt, zunächst etwas abgehetzt, und
merkte rasant, so leicht geht es mir doch nicht von
der Hand.
Dann der biblische Text für diesen Sonntag im Jahr
mit dem Namen „Estomihi", was auch bedeutet
„Gott ist mir nah".

Sei mit uns, Gott, sei uns Burg und Fels,
wenn es rau wird und ungemütlich in der Welt.
Lukas schreibt, ich werde lesen
aus der Bibel, wie es ist gewesen.

Die Ankündigung des Leidens Jesu und die Rolle der
Jünger*innen, was sag ich dazu?
Hinzu kommen die grausamen Nachrichten der ver-

gangenen Tage, die viele Menschen trauern und ver-
stummen lassen. Auch die Jecken. Die bewegen.
Ich kann mich nicht vor ihnen verstecken und die
Reime bleiben mir angesichts dieses Hasses und
des Leids fast im Halse stecken.
Die närrische Zeit prallt zusammen mit dem Leid,
das verursacht ist, weil einige Menschen denken,
sie sind besser als andere, und auch viele von ihnen
sagen „Ich bin Christ".
Die Opfer von Hanau, deren Namen allen bekannt,
sind längst nicht die einzigen in diesem Land.
Viele haben Angst und Wut in ihren Herzen. Es verursacht Schmerzen, das Nichtverstehen, wieso können so viele das Offensichtliche nicht sehen?
Die Hetze und Häme gegen Menschen vermeintlich
„zweiter Klasse"; wie ich diese menschenfeindliche
Haltung hasse.
Mit christlicher Nachfolge hat das, meiner Meinung
nach, nichts mehr zu schaffen und dabei schrei-
en sie umso lauter „Zur Rettung des christlichen
Abendlandes müsse man endlich etwas machen".
In Jericho sitzt ein Blinder am Straßenrand. Er hat
erkannt, was Jesus für ihn tun kann. Die Jünger*innen in der Nachfolge Jesu aber brüllen ihn an.
Er hält fest an seinem Glauben; im Bitten und Fle-
hen, ist er laut und gewinnt. Er kann wieder sehen,
ist nicht mehr blind!
Wäre es nicht Aufgabe der Nachfolger*innen ge-

wesen, es dem Blinden leichter zu machen, ihm zu
helfen zu genesen? Ihn zu Jesus zu bringen, ihm
den Weg zu bahnen? Aber sie stellen sich hin und
verschränken die Arme. Sie wissen nicht, was Jesus
will. Besser vielleicht, sie wären still.
Blindheit, die Augen verschließen vor dem, was
wehtut – die Frage ist, wer bin ich in dieser biblischen Schilderung?
Ich sage: Ich folge Jesus nach – und doch gelingt es
mir nicht, so zu reden gegen die Gewalt, gegen den
Hass, wie ich es gern tun würde in meinem Alltag,
ich stehe vor einer Hürde.
Dabei steht ganz deutlich geschrieben, Jesus sagt,
wir sollen einander lieben, wie er uns geliebt, und
doch gibt es Hass, Gewalt und Krieg.
Und ich nehme mich da nicht aus, auch ich liebe
nicht jede und jeden in meinem Haus. Ich hadere
mit anderen Meinungen und Richtungen, ich streite
und ich ringe um gleichberechtigte Gewichtung.
Ich versuche mein Gegenüber zu sehen als Ebenbild
und geliebtes Kind Gottes, es zu verstehen.
Doch was mache ich mit denjenigen, die menschen-
feindlich reden, die Hass schüren, die Gewalt tun?
Sie kann ich nicht einfach reden und machen lassen, da kann ich nicht zuschauen, da kann ich nicht
ruh'n.
Das Leid Jesu wird angekündigt und in der Bibel vor
die Erzählung der Passionsgeschichte gestellt.

Wir wissen oft nicht, wie geht es weiter in dieser
Welt.
Wir wissen, was passiert in der biblischen Geschichte in den folgenden Wochen und Tagen.
Wir begehen die Passionszeit vielleicht mit Fragen,
mit persönlicher Zurückhaltung oder Fasten oder
gar Aufgaben, uns bewusst zu werden – wie kann es
sein, wie ist sie, eine Welt ohne Leid, wie kann wer-
den Friede auf Erden?
Die Auferstehung Jesu vor Augen und das ist der
Grund, warum wir handeln müssen jetzt und in Zukunft, wenn es darum geht zu tun, was Jesus will,
oder sind wir lieber still.
Die Hoffnung, sie stirbt nicht, gibt Kraft und gibt
Mut, sich aufzumachen auf die Suche nach dem
höchsten Gut, das uns gegeben von Gott, durch
Christus, die Liebe im Leben, in uns, in unserem
Streben.
Die Freundschaft zu Jesus verlangt seinen Jünger*innen viel ab. Vertrauen und Nachfolge bis ins
Grab. Der Weg ist nicht leicht, nicht für Christus,
nicht für die, die ihn begleiten bis in den Tod, und
auch nicht für uns, die wir heute teilen miteinander
das Brot in Erinnerung daran, was Jesus für uns hat
getan.
Lasst uns seine Liebe weitergeben und nicht ver-
zagen, wir dürfen klagen, aber nicht stumm werden
und still, weil wir nicht wissen, was er von uns will.

Liebt einander, wie ich es getan, so sagt es Jesus,
halten wir uns daran und beten und bitten für die,
die leiden unter Hass und Verachtung, und ent-
scheiden uns täglich neu dafür, mutig zu sein.
Zu rechter Gewalt zu schreien: NEIN.

ICH SAG'S DIR, LIEBER GOTT, IM REIM

– GEREIMTE GEBETE

Ich sag's dir, lieber Gott, im Reim.
Das wirkt beständig wie der Leim.
Verbindet dich, verbindet mich
dem Himmelsglanz ganz innerlich.

Bettine Reichelt

Bettine Reichelt

KOMM, GUTER GOTT, GANZ LEISE
nach Erwin Grosche

Komm, guter Gott, ganz leise,
und nimm uns mit an Bord.
Wir gehen auf die Reise
und fahren einfach fort.

Von Abenteuer träumen,
das kann ein Wunder sein.
Du lässt uns nichts versäumen,
drum lassen wir uns ein.

Wir hör'n das Meeresrauschen?
Gleich kommt ein wilder Wind.
Wer will da mit uns tauschen,
wenn wir zusammen sind?

Wir träumen von Piraten
und einem großen Fest.
Mehr woll'n wir nicht verraten.
Du hilf uns bei dem Rest.

Komm, guter Gott, ganz leise,
und nimm uns mit an Bord.
Wir gehen auf die Reise
und fahren mit dir fort.

AUCH WENN DAS LACHEN TEUER WIRD

Auch wenn das Lachen teuer wird,
lasst uns dem Lachen trauen.
Auch wenn das Weinen teuer wird,
lasst uns auf Tränen bauen.

Und zwischen Himmel dort und Erden
lass, Gott, die neue Erde werden.
So bauen wir mit kleinen Steinen
am Heil, das uns in Gott will einen.

KOMM, GUTER GOTT,
KOMM HEUT IN UNSER LEBEN

Komm, guter Gott, komm heut in unser Leben.
Ganz leise tritt heut bei uns ein.
Nimm uns mit dir auf deine große Reise.
Und wenn wir schweigen, lass es dankbar sein.
Lass still uns werden, freundlich, hoffnungsoffen.

Und wenn wir singen, sei's ein heitres Lied.
Auch wenn wir weinen, wenn wir nicht versteh'n,
gib uns Vertrauen, dass du uns noch liebst.

Komm, guter Gott, komm heut in unser Leben.
Ganz leise tritt heut bei uns ein.

Die großen Dinge seien dir befohlen, die kleinen
auch.
Was immer unser Leben sei.
Gib uns Vertrauen, dass du uns noch liebst.

KOMM, GUTER GOTT, IN UNSRE MITTE

Komm, guter Gott, in unsre Mitte
und sieh uns an, uns ins Gesicht.
Lenk zu uns heute deine Schritte,
schenk uns von deinem hellen Licht.
Lass unser Herz zur Hoffnung finden
und schenk dem Frieden neuen Klang,
dass wir die Grenzen überwinden
und neu dir danken lebenslang.

Komm, guter Gott, geh nicht vorüber,
ach, eile doch – meist ist's uns lieber,
du gingst vorbei und ließest bleiben
uns, wie wir sind. – Doch zu beneiden
sind wir: Du bist da,
was auch geschieht: Du bleibst uns nah.

So sei bei uns und segne heute
uns alle – kleine, große Leute –,
du, der du ewig bist und immer.

KOMM, ÖFFNE UNS DIE TÜR, OH GOTT

Komm, öffne uns die Tür, oh Gott,
die Tür zum Leben.

Komm, öffne uns das Tor, oh Gott,
das, was du uns gegeben.

Dort, wo du wohnst,
dort atme ich.

Dort, wo du wohnst,
dort lache ich.

Komm, öffne mir die Pforte, Gott,
die weite Pforte, lebenslicht.

Ach, öffne mir die Pforte, Gott,
die Liebesort und Leben heißt.

KOMM, ENGEL DER LIEBE

Komm, Engel der Liebe,
komm,
wir sind den dunklen Weg gegangen, ohne zu
    klagen;
wir sind aufgestanden,
oh, so oft aufgestanden,

dass uns die Beine versagen
und die Gelenke den Dienst verweigern.

Komm, Engel der Liebe,
komm,
und sieh uns ins Herz.
Hinter Lehmmauern und Gesteinshalden
haben wir Wärme gespeichert,
die uns verbrennt.

Komm, Engel der Liebe,
komm,
und öffne das Tor,
das wir so sorgsam verschlossen halten,
berühre uns wieder,
beruhige die Wächter,
die uns längst nicht mehr schützen.

Komm, Engel der Liebe,
komm,
öffne das Tor unseres Herzens,
du zärtlicher Bote des herzreichen Gottes,
wir sehnen uns nach einem Leben,
in dem du uns begleitest
und freundlich umhüllst
und uns auf deinen starken Schwingen
zu neuen Ufern trägst.

Meine Seele wartet auf dich
mehr als der Wächter auf den Morgen.

DU NACHBAR, GOTT

Du Nachbar, Gott,
wenn ich den Boden unter meinen Füßen spüre
und deine Hand auf meinem Herzen schwerer
    wiegt,
Dann kann es sein, dass ich dich leise atmen höre
so nah dem Herzen, wie an meinen Fuß der Stein
sich schmiegt.

So nah, so fern, so schwer und unergründlich,
geheimnisvoll und fern zugleich.
Du Nachbar, Gott, allein bin ich und unempfindlich
und nah dem bitterbösen Spott vielleicht.

Und deine Tränen fallen wie von fern,
so leicht wie Schnee und wärmend wie ein
    Sommerwind.
In deinen Tränen spüre ich die Gnade gern,
die heilend über meine Seele rinnt.

Dein Weinen lässt mich sanft und freundlich
  werden,
allein wie du und allen doch verwandt,
dein Weinen, Gott, gibt mir noch Zeit auf dieser
  Erde.
Ach, mach den Tränen heut mich herzbekannt.

NEU GESUNGEN, NEU ERRUNGEN –

LIEDPREDIGTEN UND LIEDER

Du bist mir nahe im Singen,
im Schweigen und im Gebet,
streifst mich mit Engelsschwingen.
„Gott nahe zu sein ist mein Glück."

Dagmar Knecht

Eva Maria Petrik

EIN BUNTES WIR GEGEN EINSAMKEIT

Der Mensch baut Zäune, Mauern,
die sein Dasein überdauern,
mit Maschendraht und Stein und Holz
zieht er Grenzen, machtvoll, stolz,
markiert er Haus und Grund und Land,
das ist uns allen wohlbekannt,
demonstriert sein Eigentum,
sein Prestige und seinen Ruhm.
Wer egoistisch, unberührt
vergisst, wem eigentlich gebührt
der Ruhm, das Lob und auch der Dank,
wird rücksichtslos und oft auch krank.
Das Leben kann schnell werden trist,
wenn den Nachbarn man vergisst.

Lasst uns auf diese Blümchen schaun,
egal sind ihnen Grenze, Zaun,
sie großzügig verschenken sich,
erstaunen und verzücken mich.
Das Blümchen bleibt nicht „nebenan",
nähm sich der Mensch ein Beispiel dran,
wär er vielleicht nicht reich und mächtig,
sein Leben jedoch farbenprächtig
und unser Dasein, welch ein „Wunder",
weniger einsam, sehr viel bunter.

Dann wär die ganze Welt ein WIR
und würde selbstlos, ohne Gier,
jedem geben Freiheit, Raum,
noch ist's ein unerfüllter Traum ...

Dagmar Knecht

GOTT NAHE ZU SEIN IST MEIN GLÜCK
(Psalm 73,28)　Melodie EG 452

Wie kann ich Gott erfassen,
wie werde ich mir gewiss,
dass in meinem Tun und Lassen
mir Gott wirklich nahe ist?

Die Frage stellt sich heute
und sie reicht weit zurück.
Doch sagen viele Leute:
„Gott nahe zu sein ist mein Glück."

Wie können die das nur meinen?
Wo kommt der Gedanke her?
Es steht im Psalter zum einen
und gilt dieses Jahr noch viel mehr.

Denn in der Ökumene,
da hat es sich gefügt,
dass man als Losung ihn wählte:
„Gott nahe zu sein ist mein Glück."

Christen verschiedenster Prägung
in Deutschland und Österreich,
die zogen in Erwägung
– und übrigens auch in der Schweiz –,

ob das für alle was wäre,
der Psalm dreiundsiebzig,
wo einer mal erklärte:
„Gott nahe zu sein ist mein Glück."

Wer immer diesen Psalm spricht,
der macht es sich nicht leicht,
weil er sein Leben längst nicht
mit Frommen nur vergleicht.

Die Skrupellosen nehmen
sich alles – Stück für Stück.
Und ihm bleibt nur zu bekennen:
„Gott nahe zu sein ist mein Glück."

So ist das doch bei uns allen,
auch Schweres gehört dazu.
Das mag mir nicht gefallen,
raubt manchmal mir die Ruh.

Und doch vertrau ich den Worten
und weiche nicht zurück.
Ich weiß an allen Orten:
„Gott nahe zu sein ist mein Glück."

Ob mir die Angst die Luft nimmt,
Enttäuschung mich bitter macht,
ob Leid und Sorge in mich dringt,
ob Schuld mich bös verlacht,

wenn andere mich verletzen,
die Trauer mir Tränen schickt,
dann ist durch nichts zu ersetzen:
„Gott nahe zu sein ist mein Glück."

Das hat mich oft schon gerettet,
auch wenn das nicht jeder versteht.
So mancher hat schon gespottet,
dass Gott es ja nicht sieht,

wenn einer mal über'n Strang schlägt
und nur sucht, was ihn vergnügt.
Ob das wohl wirklich so feststeht:
„Gott nahe zu sein ist mein Glück"?

Als es mir alles zu viel war,
mein Gott, da kam ich zu dir.
In deinem Haus wurde mir klar,
du hältst tatsächlich zu mir.

In jeder Lebenslage
heb ich getrost den Blick.
Denn es ist gar keine Frage:
„Gott nahe zu sein ist mein Glück."

Doch wie kann ich das erfassen?
Das Glück – wie fühlt es sich an?
Soll ich nun immerzu lachen?
Ich weiß schon, dass ich das nicht kann.

Grad in den schweren Zeiten
erschien es mir völlig verrückt.
Ich konnte das nicht begreifen:
„Gott nahe zu sein ist mein Glück."

Jetzt aber kann ich dich spüren
im Klang, der zu Herzen geht.
Du öffnest mir die Türen,
mein Geist und mein Herz versteht:

Du bist mir nahe im Singen,
im Schweigen und im Gebet,
streifst mich mit Engelsschwingen.
„Gott nahe zu sein ist mein Glück."

Darum steht meine Entscheidung,
was immer auch geschieht:
Ich weiß um deine Begleitung,
wohin auch mein Sehnen flieht.

Ich leg in deine Hände,
mein Gott, mein ganzes Geschick.
Ich weiß, es zeigt sich am Ende:
„Gott nahe zu sein ist mein Glück."

Und so will ich euch berichten
von dem, was mir Hoffnung gibt,
in Liedern und in Gedichten,
weil Gott die Erde liebt.

Es klingt in meinen Ohren
wie wunderbare Musik:
Gott hält sich nicht verborgen:
„Gott nahe zu sein, ist mein Glück."

ICH BIN BEI DIR IN ALLEM

*Es soll dir niemand widerstehen dein Leben lang. Wie
ich mit Mose gewesen bin, so will ich auch mit dir sein.
Ich will dich nicht verlassen noch von dir weichen.*
Josua 1,5

Ich schaue auf mein Leben
und manchmal frage ich:
Wie soll das alles gehen?
Es ist zu viel für mich!

„Wie kann ich das nur schaffen?",
hat Josua gefragt.
Sein Job ließ ihn nicht schlafen
und da hat Gott gesagt:

Refr. |: „Ich bin bei dir in allem,
das verspreche ich:
Ich lasse dich nicht fallen
und ich verlass' dich nicht!" :|

Die Jünger sahen staunend,
wie Christus auferstand –
und dann vor ihren Augen
im Wolkendunst verschwand.

Auch ich will an Gott glauben.
Und wenn der Zweifel nagt,
will ich auf das vertrauen,
was Jesus Christus sagt:

Refr. |: „Ich bin bei dir in allem,
das verspreche ich:
Ich lasse dich nicht fallen
und ich verlass' dich nicht!" :|

Auch wenn ich Gott nicht höre,
ich fühl es tief in mir:
Weil ich zu Gott gehöre,
ist Gottes Geist in mir.

Auch Paulus, der Apostel,
der weist mich darauf hin:
Der Heilige Geist Gottes
wohnt tief in meinem Sinn:

Refr. |: „Ich bin bei dir in allem,
das verspreche ich:
ich lasse dich nicht fallen
und ich verlass' dich nicht!" :|

Anneke Ihlenfeldt

EIN LICHTE BURG IST UNSER GOTT
Melodie „Ein feste Burg ist unser Gott", EG 362

Ein lichte Burg ist unser Gott,
ein Zelt aus Glanz und Worten.
Kleidet dich ein, nimmt dir die Not,
deckt dich an dunklen Orten.
Du bist an der Quell'. In dir wird's ganz still,
wie Wasser trinkst du das Wort immerzu.
All Lärm kann draußen warten.

Ein lichter Himmel ist dein Kleid,
Gebet beginnt tief drinnen.
Die Mauern werden weich und weit.
Was hart war, lässt es rinnen.

Anfangs schuf Gott das Licht,
daraus er jetzt spricht.
Was auch kommen kann, allein Gott bricht den
Bann.
Kleidet dich aus von innen.

Und wenn die Welt vergiftet wär,
wenn Hass uns wollt verschlingen:
Das Wort der Freiheit gibt Gewähr,
wird weiter aus uns klingen.
Spricht vom ersten Schein, von Liebe, Menschsein,
Geschwisterlichkeit, selbst im größten Streit,
und lässt uns davon singen.

Antonia Jacob

KIRCHENVORSTAND
Melodie „Ein Männlein steht im Walde"

Grad trifft der Kirchenvorstand zur Sitzung ein.
Die Runde ist heute leider mal wieder klein,
drum wird nun zunächst verkündet,
wer sein Fehlen wie begründet,
denn die gute Ordnung, ja, die muss sein!

Herr Ringel ist beim Yoga,
das braucht er jetzt für sich.
Frau Männlein steht im Walde,
denn ihr Papagei entwich.
Der Herr Betz fühlt sich noch krank,
weil er gestern zu viel trank,
und Herr Kleinschmidt fastet grad'
und riecht drum fürchterlich.

„Der dicke Kleinschmidt fastet!",
das findet man famos,
und nach der kurzen Andacht
beschließt man los.
Mancherlei wird routiniert
an den Ausschuss delegiert,
und all das verschoben,
was nicht wirklich sehr pressiert.

Ganz ungewöhnlich schnell,
es ist noch nicht mal Mitternacht,
hat man das ganze Tagesordnungswerk
bereits vollbracht.
Freudig lobt sich rundherum
selbst das ganze Gremium,
und es wird geplaudert
und man witzelt und man lacht.

Zum Schluss meint noch der Pfarrer:
„Ich denk' grad dran,
es ist ja schon November,
Advent steht an.
Bald muss sich nun einer finden
und uns den Adventskranz binden.
Wer von Ihnen das wohl übernehmen kann?"

„Das mache ich sehr gerne!",
sagt schnell Frau Strack.
„Der Kranz vom letzten Jahr,
der war nicht ganz so mein Geschmack."
„Furchtbar!", ruft Herr Glatz. „Ein Graus!
Auf dem Kranz saß Micky Maus
mit vielen Hundert Engeln
und dem Weihnachtsmann mit Sack."

Fast alle stimmen zu,
nur Frau Bär schluchzt leis,
weil niemand ihre Arbeit
zu würdigen weiß.
„Jeder Engel selbst gedrechselt,
jeder Strohstern selbst gehäckselt!"
Niemals fühlte sie sich so gekränkt in diesem Kreis!

Herr Schleicher springt ihr bei,
äußerst ritterlich:
„Herr Glatz, Sie sind ein Rüpel,

entschuldigen Sie sich,
jetzt und hier, sofort, vor allen!
Mir hat dieser Kranz gefallen,
die karierten Kerzen faszinierten mich."

„Gepunktet!", schnieft Frau Bär,
Glatz lacht uncharmant.
„Entschuldigung? Die weise
ich ja ganz klar von der Hand!
Grässlich hässlich war der Kranz,
dazu steh ich voll und ganz,
nur im Osterfeuer hat er wirklich gut gebrannt!"

Frau Bär jault schmerzvoll auf:
„All die Engelein!"
Und jetzt fängt Schleicher richtig laut an zu schrei'n:
„Glatz, Sie alter Vollidiot,
Riesenrindvieh, ich seh' rot,
kommen Sie mit raus,
dann hau ich Ihnen ein paar rein!"

„Sie Weichei", kontert Glatz,
„können mich doch nicht erschrecken!
Karierte Kerzen können Sie sich
gern sonstwohin stecken.
Und ich hätte viel Vergnügen,
wenn wir uns jetzt gleich hier schlügen!
Sie würden nur zu bald schon Ihre Wunden lecken!"

Der Pfarrer spricht: „Na prima,
dann machen wir's wie immer,
der Sieger dieses Kampfs
 wird des Adventskranzes Bestimmer.
Er entscheidet ganz allein,
wie der Kranz geschmückt soll sein.
Setzen Sie sich bitte noch mal in den Stuhlkreis rein!"

Man nimmt gespannt die Plätze ein
und klatscht dann laut,
als Schleicher Glatz gekonnt auf die Nase haut.
Unter Jubel und Applaus teilt er heftig Prügel aus. –
Das hatte man dem Schleicher gar nicht zugetraut!

Der Sieg gebührt klar Schleicher,
und der erklärt galant:
„Frau Bär hat beim Adventskranzschmücken
völlig freie Hand.
Mit Figürchen reich beladen,
auch ein Blinklicht kann nicht schaden,
da vertrau ich völlig ihrem Kunstverstand!"

Zum Schluss mahnt noch der Pfarrer:
„Sie denken bitte dran,
wie wir Beschlüsse fassen,
das geht keinen etwas an.
Wir sind Vorbild allezeit friedfertiger Sittsamkeit.
Drum sind Sie verpflichtet zur Verschwiegenheit!"

Annegret Kokschal

EIN DANK DEM ORGANISTEN
FÜR SEINE TREUEN DIENSTE
Melodie: „Ein Danklied sei dem Herrn"

Ein Danklied sei dem Herrn,
der uns am Sonntag spielet,
er spielet gut und gern,
so wie es uns gefielet.
Ganz ohne Hast spielt er uns vor,
dazu singt der Gemeindechor.

Oh, sei zu seinem Dank
nicht träge, meine Seele.
Er bleibe stets gesund,
dass uns sein Spiel nicht fehle.
Es ist am Tage wie zur Nacht
sein Orgelspiel 'ne große Pracht.

Gib dich in seine Hand
mit innigem Vertrauen,
er wird dich führ'n entlang
der Melodie, wirst's schauen.
Drum gib dich ganz in seine Hut,
und sei gewiss, er spielt echt gut!

Bettine Reichelt

LIEBE, DIE DU MIR BEGEGNET
Melodie EG 401

Liebe, die du mir begegnet
unvermittelt neu und fremd,
Liebe, die du mich gesegnet,
mich bei meinem Namen nennst,
Liebe, lad mich zu dir ein,
dir auch heute nah zu sein.

Liebe, die ich nicht verstehe,
dich ja mir so oft entflieht,
Liebe, die ich ungern sehe,
wenn sie mich zu Neuem zieht,
Liebe, lad mich zu dir ein,
hilf mir, ganz ich selbst zu sein.

Liebe, die du mich gerufen,
als ich stumm und blind und taub,
Liebe, die die steilen Stufen
meines Herzens kam herauf,
Liebe, lad mich zu dir ein,
hilf mir, froh ein Mensch zu sein.

(NICHT NUR) AM ABEND ZU SINGEN
Melodie: EG 488

Du bist es, Herr, der uns noch heute heilt,
wie unbemerkt du stets auch bei uns weilst.
Du bist es, Herr, mein Hoffen bleibt bestehn,
wie du mich immer führst, will ich auch gehen.

Hier ist der Ort, mein Raum, den du mir gibst.
Hier kann ich spür'n, wie du mich heute liebst.
Wie du mich tröstest, wenn die Nacht beginnt,
wenn Angst und Sorge mir den Atem nimmt.

Dann bleib du, Herr, noch immer neben mir.
Stark bin ich, mutig, fröhlich noch in dir.
Dann sei mir nah und halte meine Hand.
Dann halt ich allem, allem Unglück stand.

Wie du den Frieden über mich heut legst,
so lass mich glauben, gehen meinen Weg.
Wie du mich segnest, segne nun auch ich.
Du bist mein Herr und Gott, bewahre mich.

Du gehst mit uns den Weg ins Lebensland.
Was ich auch tu, mich leitet deine Hand.
Halt mich auch heute fest auf meinem Pfad,
der mich zu dir hinführt nach deinem Rat.

IN DER MITTE DIESER NACHT

Die Nacht ist vorgerückt, der Tag ist nahe. Darum lasst uns ablegen die Werke der Finsternis und anlegen die Waffen des Lichts.
Römer 13,12

In der Mitte dieser Nacht
geh ich los,
ich gehe im Schlaf.
In der Mitte dieser Nacht
breche ich auf.
In der Mitte dieser Nacht
hält der Schlaf mich nicht mehr fest.
In der Mitte dieser Nacht
gehe ich los,
gehe von den Bergen des Glaubens
zum Fluss,
dem Fluss, der so tief ist.

In der Mitte dieser Nacht
steh ich auch, erhebe ich mich,
lausche der Stille, die noch ist.

Ich muss etwas suchen,
etwas Heiliges suchen,
das ich verlor.

In der Mitte dieser Nacht
erhebt sich die Nacht
in mir.

Doch der Fluss ist weit und tief
und ich weiß nicht,
wie ich die Brücke finde,
die Brücke
zu meinem Ufer.
In der Mitte der Nacht erhebt sich in mir die Nacht
und das Heilige erhebt sich,
das ich verlor.

Billy Joel (freie Nachdichtung B. Reichelt)

Autorinnen

Ihlenfeld, Anneke,
geboren 1978, Lebens- und Wortliebhaberin, Grenzgängerin
und Lichtsucherin. Evangelische Pastorin.

Jacob, Antonia,
geboren 1972 in Frankfurt am Main, Jurastudium in Saarbrü-
cken, Amtsrichterin in Frankfurt am Main, verheiratet, drei
erwachsene Kinder, kirchenmusikalische Tätigkeit (Gesang,
Orgel) in Gottesdiensten und Konzerten, Mitglied in zahl-
reichen Vokal- und Instrumentalensembles, Auftritte mit dem
Kirchenkabarett „EKHN" seit 2004.

Knecht, Dagmar,
geboren 1965 in Nürnberg, Evang.-Luth. Pfarrerin in München,
verheiratet und Mutter von zwei Kindern. Schwerpunkte im
Studium: Feministische Theologie, Interreligiöses; Arbeits-
schwerpunkte: Gottesdienste, Kasualien, Seelsorge in Pflege-
zentren, Leitung und Verwaltung.

Kokschal, Annegret,
geboren 1971, Diplommathematikerin, Lektorin, Veröffentlichungen im Bereich Kalender und Quizspiele, Sängerin in zwei
Leipziger Kirchenchören.

Petrik, Eva Maria,
geboren 1959, staatlich geprüfte, öffentlich bestellte u. beeidig-
te Übersetzerin für die französische Sprache, verheiratet, vier
Töchter, ehrenamtliche Mitarbeit in der Pfarrei Herz-Jesu Bad
Kissingen, Verfassen von Predigten, von Meditationen und
Gedichten, zu eigenen Fotos, Letztere bereits veröffentlicht in
zwei Büchern.

Reichelt, Bettine,
geboren 1967, Studium der evangelischen Theologie in Leipzig, Pfarrerin, zwei erwachsene Söhne, 2003–2012 freiberufliche Autorin und Lektorin, Auseinandersetzungen mit spirituellen Themen (Labyrinth, Stille, Klang, Nacht), seit 2013 Pfarrerin und Schulpfarrerin im Leipziger Land, Veröffentlichungen im Bereich biografischer Roman, Krimi und spirituelles Sachbuch.

Nikola Schmutzler,
Dr. theol., geboren 1977, Studium der evangelischen Theologie und der Liturgiewissenschaft, Dozentin im Bereich Kirchengeschichte, seit 2013 Pfarrerin in Auerbach, seit 2020 Mitglied der Landessynode der Ev.-Luth. Landeskirche Sachsens, schreibt Geschichten, Gedichte und Lieder.

Voß, Thea,
1983 in Hamburg geboren, Studium der evangelischen Theologie an der Humboldt-Universität zu Berlin, Pfarrerin im Spandauer Norden in Berlin, verheiratet, drei Kinder, immer auf der Suche nach neuen Formen und vielfältigen Möglichkeiten, mit Menschen und Gott über Menschen und Gott ins Gespräch zu kommen.